과학도
풀지 못한
인류 문명의
비밀

SHIJIEWENHUAWEIJIEZHIMI
ZUOZHE : ZHAOYONGFENG

세계 미스터리 속
고고학 상식

과학도
풀지 못한
인류 문명의
비밀

왕옌밍 · 짜오용펑 지음

김수현 옮김

파라주니어

과학도 풀지 못한
인류 문명의 비밀

2009년 02월 05일 초판 1쇄 인쇄
2009년 02월 10일 초판 1쇄 발행

지은이 | 왕옌밍 · 짜오용펑
옮긴이 | 김수현
펴낸이 | 김태화
펴낸곳 | 파라북스

주   간 | 이성옥
기   획 | 조은주, 홍효은
마케팅 | 박경만
디자인 | 엔드디자인
관   리 | 이연숙

등록번호 | 제313-2004-000003호
등록일자 | 2004년 1월 7일
전화 | 02) 322-5353
팩스 | 02) 334-0748
주소 | 서울특별시 마포구 서교동 343-12
홈페이지 | www.parabooks.com

ISBN 978-89-93212-13-6(43900)

*파라주니어는 파라북스의 청소년 전문 브랜드입니다.
*값은 표지 뒷면에 있습니다.

고대 트로이 유적은 어디 있을까? 인류 역사에 정말로 식인 풍습이 있었을까? 올림픽은 어떻게 시작되었을까?

이 책은 누구나 한 번쯤 궁금해했을 법한 물음들을 통해 민족과 신화, 종교, 풍습 등에 숨겨진 인류 정신의 원형을 탐구한다. 미케네 문명이 어떻게 멸망했는지, 스핑크스는 누가 만들었는지, 노아의 방주는 어디에 있는지, 아마존 여인국은 정말로 존재했는지 등 세계 곳곳에 남은 다채로운 고고학 수수께끼를 풀어내는 것이다.

신화와 전설을 진실로 믿은 사람들이 깊은 땅 속이나 무덤에 묻힌 유적을 발굴해 신화를 역사로 바꾸거나 인류 조상의 화석과 유물을 분석해 인류의 진화를 추론하는 과정은 마치 모험 영화를 보는 것 같다. 시간 속에 묻힌 비밀을 풀고자 여러 가설을 내놓고 서로 반박하며 진실에 조금씩 접근하는 과정을 지켜보

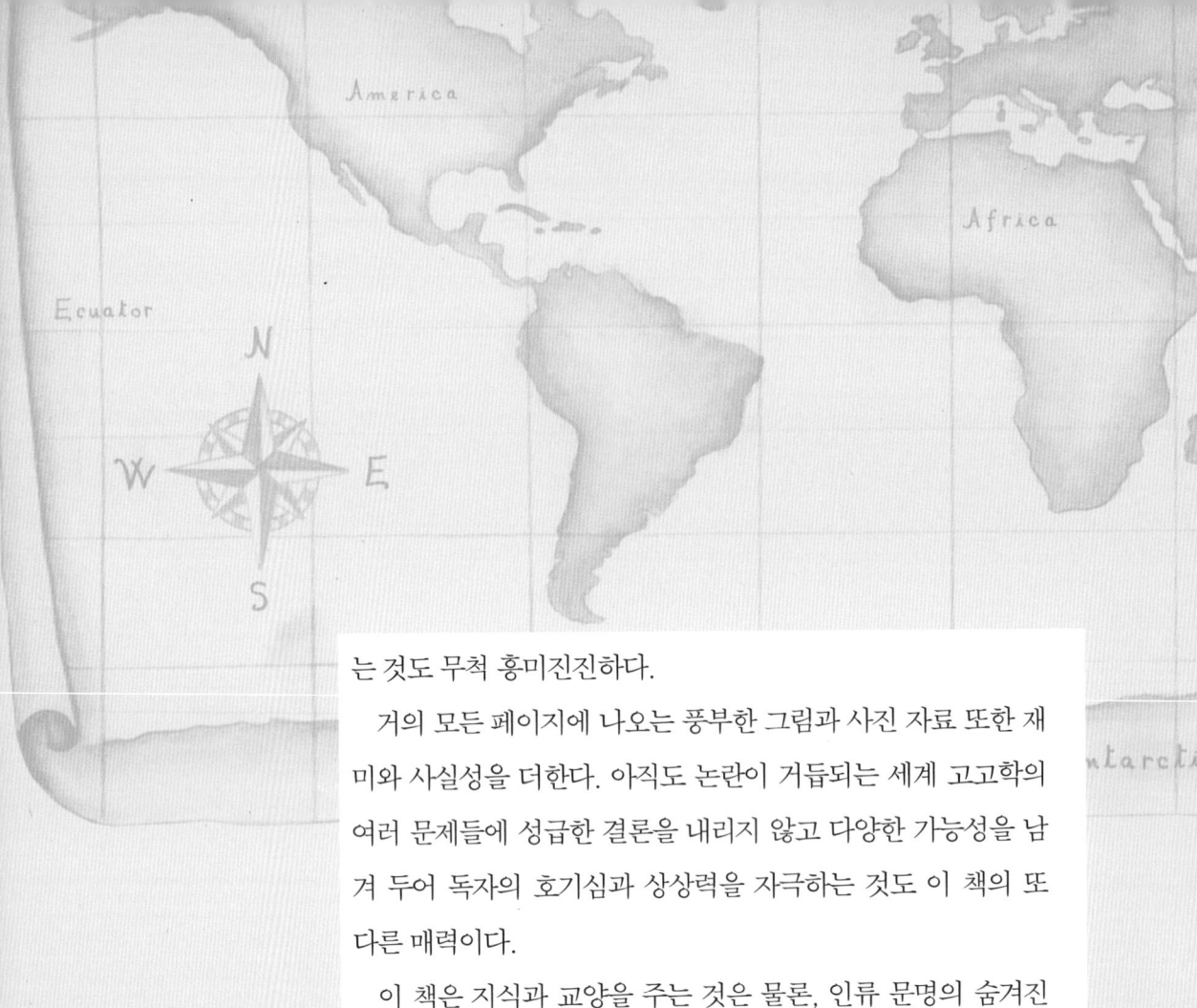

는 것도 무척 흥미진진하다.

거의 모든 페이지에 나오는 풍부한 그림과 사진 자료 또한 재미와 사실성을 더한다. 아직도 논란이 거듭되는 세계 고고학의 여러 문제들에 성급한 결론을 내리지 않고 다양한 가능성을 남겨 두어 독자의 호기심과 상상력을 자극하는 것도 이 책의 또 다른 매력이다.

이 책은 지식과 교양을 주는 것은 물론, 인류 문명의 숨겨진 단면을 엿보게 도와줄 것이다.

김수현

CONENTS

· 1장 ·

고고학의
미스터리

고대 트로이 전쟁의 유적은 어디 있을까?

유명한 호메로스 서사시 《일리아스》는 다음과 같은 전쟁 이야기를 들려준다.

호메로스 조각상
고대 그리스의 유명한 시인 호메로스는 장님이었다. 이른바 그리스 최대의, 그리고 최고의 서사시로 불리는 《일리아스》와 《오디세이아》는 당시 궁정과 민간에서 불리던 노래를 기초로 새롭게 창작한 문학작품이다. 이 두 편의 서사시는 트로이 전쟁에 관한 일화들을 노래한다.

　잘생긴 트로이 왕자는 여러 나라를 여행하다 스파르타에 도착했다. 국왕 대신 젊고 아름다운 왕비 헬레네가 융숭한 대접을 했고, 이 둘은 곧 사랑에 빠지게 된다. 트로이 왕자가 헬레네를 데리고 떠나자 격분한 스파르타 왕은 그리스 각국의 대군을 모아 트로이 성을 포위한다.

　그러나 공격한 지 3년이 되어도 아무런 성과가 없자, 그리스인들은 절묘한 방법을 생각해 낸다. 커다란 목마를 만들어 그 안에 돌격대를 숨긴 다음, 양군이 대립할 때 일부러 후퇴하여 트로이 사람들이 목마를 포획하도록 한 것이다. 함정을 알아채지 못한 채 목마가 그리스 군대의 신식무기인 줄로만 안 트로이 사람들은 기뻐하며 목마를 성 안으로 가져간다.

　그날 밤, 트로이 사람들이 환하게 불을 밝히고 주연을 즐기고 있을 때 목마에서 쏟아져 나온 돌격대가 성문을 열어 대기하고

트라키아
마케도니아
다르다넬스 해협
트로이
에피루스
테살리아
레스보스 섬
소아시아
그리스
에게 해
에우보이아
리디아
키오스
포키스
보이오티아
코린트 아테네 아티키
사모스 에페소스
미케네
밀레투스
티린스
펠로폰네소스 반도
스파르타
파로스
라코니아
지중해
로도스 섬

트로이 성의 지리적 위치

호메로스 서사시는 암흑시대라 불리는 기원전 1100년부터 기원전 800년경의 사실적인 사회의 모습을 반영하고 있다.

있던 그리스 군과 함께 트로이 성을 공격했고, 웅장하고 아름답던 트로이 성은 순식간에 폐허로 변하고 말았다.

서사시에서 노래하는 트로이 전쟁은 고고학자들도 역사상 실제로 일어났던 사건으로 인정하고 있다. 그렇다면 트로이 유적은 도대체 어디에 잠들어 있는 것일까?

1871년 독일의 고고학자 하인리히 슐리만은 소아시아 북부의 히사를리크에서 발굴 작업을 시작해 다르다넬스 해협 5km 부근 언덕에서 트로이 유적 중 최하층인 1문화층과 2문화층을 발견했다.

이후 발굴한 3문화층에서는 황금 술잔과 왕관, 은제 병, 팔찌 등 다량의 귀중한 고대유물들과 더불어 화재의 흔적을 찾아냈다. 슐리만은 이를 연구하고 분석한 끝에 자신이 발견한 2문화층이 트로이 유적이라고 발표했다.

트로이 유적의 부감도

트로이 성은 터키 서북부의 히사를 리크 산언덕 아래, 푸른 파도가 일 렁이는 다르다넬스 해협에 위치해 있다. 바다와 발칸 반도가 마주보 는 곳이다. 오랫동안 사람들은 트 로이 성을 호메로스 서사시가 만들 어 낸 허구의 도시라 여겨 왔기에 수많은 논쟁을 불러일으키기도 했 다. 트로이 유적의 발견은 신화와 전설을 포함한 문학작품의 배경에 는 역사적 사실이 존재할 수 있다 는 점을 보여 준다.

그러나 슐리만의 친구이자 동료인 되르프펠트는 자신의 고증 을 근거로 슐리만의 주장을 부정하고 나섰다. 되르프펠트는 기 원전 2천여 년 전부터 기원 후 몇 세기 동안 트로이 성에 사람들 이 거주해 온 까닭에 트로이 전쟁 전후로 9개의 문화층이 형성된 것으로 보았다. 그중 6문화층에서 찾아낸 수많은 해골과 무너진 가옥들이야말로 트로이 전쟁의 흔적이 분명하다고 확신했다. 그 는 이 사실을 근거로 트로이 전쟁의 유적은 슐리만이 주장한 2문 화층이 아니라 6문화층이라고 주장했다.

되르프펠트의 주장은 한동안 가장 유력한 가설로 받아들여졌 다. 그러나 1930년대에 이르러 또 다른 의문이 제기됐는데, 바로 미국의 고고학자 블레겐에 의해서였다.

그는 자신이 발견한 새로운 자료에 근거하여 되르프펠트가 6 문화층에서 발견한 다량의 해골과 무너진 가옥은 전쟁이 아닌 지진으로 인한 흔적일 뿐 트로이 전쟁의 유적이 아니라고 생각했다. 그는 오히려 불에 타거나 창에 의해 부서진 건축물들이 남

트로이 성의 역사적 변천

트로이 성은 고고학적으로 매우 오랫동안 존재했으며 도시는 계속 발전하고 확장되었다. 한 층 한 층의 발굴로 알 수 있듯이 총 9개의 문화층은 각각 한 시대의 주거지였다. 여러 세대의 사람들이 이곳에서 생활했으며 큰 도시 또한 이곳에서 번성했다.

아 있는 7문화층에 주목했다.

이곳 집집마다에서 발견된 지하에 묻힌 큰 항아리들의 주둥이는 하나같이 지면 위로 노출되어 있었다. 이는 당시 트로이 성이 포위되었다가 얼마 후 헐리거나 무너졌음을 의미하는 것이었다. 이로써 블레겐은 진정한 트로이 전쟁 유적은 7문화층이라고 확신했다.

슐리만과 되르프펠트, 블레겐은 이처럼 모두 다른 의견을 주장했지만 한 가지 공통점이 있었다. 그것은 고대 트로이 성의 유적은 바로 히사를리크 부근의 언덕이라는 사실이다.

사실 고대 트로이 유적의 위치에 대해서는 이견이 많았다. 오랫동안 호메로스 서사시를 연구해 온 멕시코의 언어학자 로베르트 살리나스는 최근 완전히 새로운 관점을 내놓기도 했다. 트로이 성의 유적이 소아시아가 아닌 유고슬라비아의 가베 지방에 있다는 것이다. 네레트바 강이 아드리아 해로 흘러 들어가는 입구에 위치해 있는 그곳의 지형이 《일리아스》에 묘사된 주변 환경과 매우 비슷하며, '입구'의 위치 역시 그리스 대군이 배를 정박한 곳과 일치한다.

한편 트로이 전쟁의 주요 전투지역이 트로이 성 안이 아니라 베시카 동쪽이라고 말하는 이도 있다. 트로이 성에서 서북쪽으로 8km 떨어져 있는 베시카 만은 수위가 깊고 내륙으로 깊숙이 들어와 있어 그리스 군이 배를 정박시키기에 이상적인 장소였다는 것이다.

이에 일부 전문가들은 트로이 전쟁이 트로이 성의 서쪽 지방에서 벌어졌다고 주장한다. 그러나 이러한 주장은 아직 제대로 인정받지 못하고 있다.

과연 트로이 전쟁의 유적지는 어디란 말인가? 고고학 관련자들의 좀 더 깊이 있는 연구를 기다려야 할 수수께끼이다.

CHAPTER 02

로제타석에 담긴
상형문자의 뜻은 무엇일까?

1799년 7월, 나폴레옹의 이집트 원정군은 알렉산드리아에서 약 60km 떨어진 나일 강 하구의 로제타 마을에서 요새를 건설하고 있었다. 현장을 감독하던 포병사관 부샤르는 요새를 만드는 데 사용할 돌 하나를 눈여겨보았다. 인근 신전의 벽을 장식했던 현무암 석판이었다.

나폴레옹이 고대 이집트 문화에 관심이 깊다는 것을 떠올린 부샤르는 이를 상부에 보고했다. 상관인 미누 장군 역시 그 석판이 평범한 돌이 아니라고 판단하여 알렉산드리아로 옮겨 보관하도록 했다. 한낱 요새를 받치는 돌덩이로 전락할 뻔했던 이 인류의 보고는 바로 로제타석이었다.

높이 1.2m, 폭 75cm, 두께 28cm의 로제타석에는 세 가지 문자가 새겨져 있다. 가장 하단에 있는 그리스 문자를 제외한 나머지 고대 이집트 문자, 특히 상단의 상형문자는 이집트의 오래된 유적이면 어디에서나 볼 수 있는 것이었지만 전혀 해독하지 못한 상태였다. 로제타석은 어쩌면 2천 년 동안 잠들어 있던 고대 이집트 어 해독의 열쇠가 될지도 몰랐다.

이런 기대를 품은 것은 프랑스뿐만이 아니었다. 당시 아부키르 만에서 프랑스와 전쟁을 벌인 끝에 승리를 거둔 영국은 로제타석을 감추려는 프랑스의 노력에도 불구하고 군대를 동원, 이를 손에 넣는 데 성공했다. 이로써 로제타석은 오늘날까지 런던의 대영박물관에 자리하게 됐다.

다만 로제타석을 갖는 것과 그 의미를 해석하는 것은 별개의 문제였다. 나폴레옹이 간행한 《이집트》지와 별도의 필사본을 통해 학자들의 연구가 계속되는 가운데, 첫 번째 실마리는 역시 해독이 가능했던 그리스 문자에서 나왔다.

로제타석

1802년 S. 웨스턴은 그리스 문자를 해석해 이 비석에 프톨레마이오스 5세가 발표한 법령과 그의 덕행이 새겨져 있다는 것을 밝혀냈다. 같은 해 스웨덴의 외교관 어케르블라드가 비석의 한가운데 새겨진 디모틱, 즉 고대 이집트 서민들이 즐겨 쓰던 문자 가운데 명사 몇 개를 해독해 냈지만, 정작 '뜨거운 감자'였던 상형문자는 여전히 수수께끼로 남아 있었다.

그런 가운데 1808년, 18세에 로제타석의 사본을 입수하여 상형문자 해독에 착수한 소년이 있었다. 샹폴리옹이라는 이름의 이 소년은 1790년 프랑스 남부 피젝에서 태어나 5세 때 이미 읽

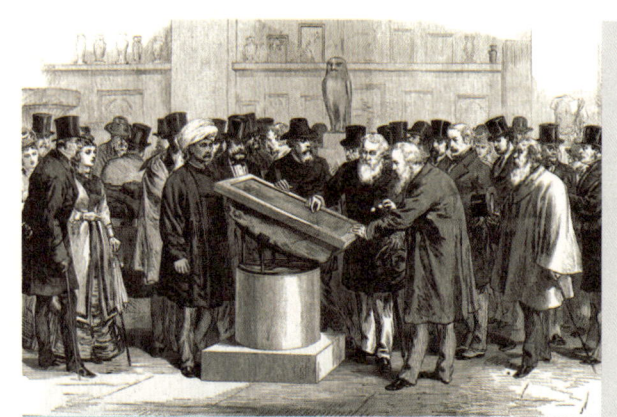

1874년 동양학자들이 모인 국제학회에서 로제타석을 조사 중인 전문가들

기와 쓰기를 마치고 11세부터 헤브라이어와 아랍 어, 시리아 어 등을 익힌 어학 천재였다. 사실 그가 로제타석의 상형문자에 빠져든 것은 10세도 채 되지 않았을 때였다. 당시 샹폴리옹은 로제타석의 상형문자가 풀리지 않은 난제라는 사실에 강한 호기심을 느꼈다. 이후 고대 이집트 어의 하나인 콥트 어를 비롯해 다양한 언어를 공부하며 이집트 상형문자 해독에 한 걸음씩 다가갔다.

샹폴리옹은 로제타석의 상형문자가 뜻을 표현하는 표의문자일 거라 단정한 기존 학자들과 달리 소리를 나타내는 표음문자이거나 고대 이집트 인이 모음에 크게 의존하지 않았다는 가설을 세웠다. 그 가설 아래 이집트 필레 섬에서 발견된 오벨리스크에 새겨진 상형문자와 프톨레마이오스의 행적을 새긴 로제타석을 비교한 결과 몇 가지 공통적인 기호를 발견할 수 있었다.

이를 실마리로 필레 섬의 오벨리스크스에서 클레오파트라의 이름을 찾아내는 등 1822년까지 파라오 27명의 이름과 발음법을 모두 밝혀내기에 이르렀다. 그리고 2년 뒤엔 그 성과를 정리하여 세상에 공식 발표함으로써 이집트 상형문자를 해독한 최초의 인물이 됐다.

이집트 상형문자의 해독은 고고학 전체를 통틀어 엄청난 사건이었다. 오랜 세월 침묵을 지키고 있던 위대한 파라오들의 무덤과 스핑크스가 마침내 입을 열고, 베일에 가려져 있던 고대 이집

트의 신과 신화, 생활상을 제대로 이해할 수 있게 된 것이다. 아
울러 학계에서는 이집트학이 탄생하고 고대 이집트 문화 연구에
불이 붙는 계기가 됐다.

　그로부터 10여 년 뒤 샹폴리옹이 42세의 젊은 나이에 세상을
떠나자 이집트학 학자들은 모두 안타까워했다. 그것은 곧 고대
문명을 여는 열쇠를 잃는 것과 같았기 때문이다. 그의 성과는 단
지 평범한 돌을 인류의 보고로 바꿔 놓는 데 그치지 않았다. 인
류의 역사가 떠안은 가장 큰 숙제 가운데 하나를 인간의 노력으
로 풀어낸 선례를 남긴 것이다. 그리고 이것이야말로 고고학계
가 얻은 최고의 선물이었다.

　지금 이 시간에도 세계 각국에서는 문화재 반환 논란이 계속되고 있다. 특히 1799년 이집트에서 프랑스인이 발굴하고 프랑스-영국 간의 협상을 통해 대영박물관으로 넘어간 로제타석은 이집트가 반환을 요구하는 유물 리스트 1순위에 올라 있다.

　이 보물을 발견한 지 200주년 되는 1999년은 특히 시끄러웠다. 당시 영국의 대영박물관과 이를 해독한 샹폴리옹의 고향 프랑스 지롱드 지방은 축제와 세미나 등 다양한 행사를 계획하면서 이집트 관계자를 초청했다. 이집트 측은 초대를 거절한 것은 물론 '보물을 도둑맞은' 데 대한 해묵은 불쾌함을 감추지 않았다.

　이집트는 일찍이 대영박물관에 로제타석의 반환을 요구해 왔다. 영국이 아무런 반응을 보이지 않자 이집트에서 200주년 행사를 치를 수 있도록 한시적인 전시를 요청하는 선으로 수위를 낮추었다.

　하지만 대영박물관의 입장은 단호했다. 만에 하나 이집트가 로제타석을 돌려주지 않을 경우, 영국으로서는 이를 되돌려 받을 명분이 궁색했기 때문이다. 결국 이집트는 200주년 기념행사를 치를 기회마저 영국에게 빼앗길 수밖에 없었다.

　세계 각국의 문화재 반환 논란도 바로 이 같은 약탈 문화재에서 비롯되고 있다. 논란의 중심에 있는 유럽의 경우 국가 간 이해관계가 복잡하게 얽혀 있어, 1994년 프랑스가 독일로부터 일부 유물을 돌려받은 것 외에 별다른 진전이 없는 상태다.

　아시아의 경우, 특히 중국이 영국과 프랑스, 일본 등으로부터 문화재를 돌려받기 위해 공을 들이고 있지만 역시 성과는 미흡하다. 중국은 해외로 유출된 자국의 문화재를 세계 경매 시장 등에서 직접 구입하고 있다. 실제로 미국 뉴욕 크리스티 경매에서 팔리는 중국 문화재의 4분의 1은 중국으로 되돌아가는 것으로 알려졌다.

CHAPTER 03

남아메리카 피라미드는 이집트 피라미드의 모방일까?

피라미드 하면 나일 강가에 우뚝 솟아 있는 거대한 파라오의 무덤을 떠올리는 경우가 대부분이다. 그만큼 피라미드는 고대 이집트 문명의 상징적인 건축물이기 때문이다. 그러나 놀랍게도 남아메리카 대륙에도 피라미드가 있다.

끝없는 수수께끼를 던져 주는 이집트 피라미드처럼 남아메리카의 피라미드 역시 놀라운 신비로 싸여 있다.

그중 가장 흥미로운 것은 어째서 남아메리카 대륙에 피라미드가 있는 것이며, 이집트의 피라미드와는 어떤 관계가 있는가 하는 점이다.

지금까지는 남아메리카 피라미드가 이집트 피라미드를 모방한 것으로 보는 견해가 지배적이었다. 오늘날의 고고학이 증명하듯이 수천 년 전 사람들 역시 당시 기술을 바탕으로 대양을 너머 대륙 사이에 왕래가 있었다는 사실이 그 첫 번째 근거이다.

카프레 왕의 피라미드와 스핑크스
5천 년 전의 이집트 인이 비범한 지혜를 바탕으로 건축한 피라미드는 아직도 신비에 싸여 있다. 카프레 왕 피라미드는 이집트 기자의 3대 피라미드 중 쿠푸 왕 피라미드에 이어 두 번째로 손꼽히는 것이다.

남아메리카의 피라미드
남아메리카 피라미드는 보통 흙으로 쌓아 표면에 돌을 입힌 것으로 전형적인 계단식이다. 맨 꼭대기에는 제사를 올리기 위한 신전이 있는 것이 특징이다.

예컨대 거의 같은 시기라 할 수 있는 중국 상商 왕조와 멕시코 올메카 문명, 페루 차빈 문명은 하나같이 호랑이 신을 숭배했고, 각 문명권에 나타나는 호랑이 신의 형태와 양식이 매우 유사하다. 이는 신구 대륙의 원주민들 사이에 교류가 있었음을 말해 주는 것이다.

두 번째 근거는 남아메리카 피라미드와 이집트 피라미드의 외형과 용도가 흡사하다는 점에서 찾을 수 있다. 1958년, 고고학자들은 멕시코 팔렌케에 있는 '비명碑銘의 신전'이라는 피라미드 내부에서 높이 7m, 너비 4m의 묘실을 발굴했다. 석관 안에서는 다량의 부장품을 갖춘 시신 한 구도 함께 발견됐다.

이것을 근거로 일부 학자들은 매우 오래 전 이집트에서 남아메리카로 이주하여 피라미드의 건축기술을 전파한 민족이 있었을 것이라고 추측한다. 인류학자이자 언어학자인 이반도《그들은 콜

럼버스보다 먼저 왔다》라는 저서를 통해 이 같은 견해를 지지하고 있다.

물론 반대 의견도 있다. 남아메리카 피라미드는 그곳 토착문화가 독자적으로 발전한 결과일 뿐 이집트 피라미드와는 아무런 관계가 없다는 것이다.

그들에 따르면, 지금까지 출토된 유물로 짐작해 볼 때 아메리카 최초의 원주민은 지금으로부터 약 2만 년~3만 년 전 베링 해협을 거쳐 아시아 대륙 동북부에서 아메리카 대륙으로 건너온 아시아 인이라는 것이다. 그들은 단순한 도구와 무기로 독특한 문화를 창조한 만큼 스스로 피라미드를 세울 만한 충분한 능력

티칼 피라미드
티칼은 과테말라 북부 페텐 지방의 열대림 속에 남아 있는, 마야 문명 시대에 출현한 최초의 도시이다. 피라미드는 티칼의 가장 중요한 건축물로, 이집트 피라미드처럼 크지는 않으나 외곽에 높고 가파른 계단이 있다. 외관상으로도 이집트 피라미드와 확실하게 다르다.

이집트 피라미드에는 많은 특징이 있다. 정사각형의 바닥은 동서남북의 사방을 정확히 가리키는데, 이는 고대 이집트 인들이 이미 방위를 측정할 수 있었음을 보여 준다. 또 피라미드 바닥의 사각형을 대각선으로 연장하면 나일 강 삼각주가 정확하게 그 범위 내에 들어온다고 한다.

을 갖고 있다는 것이다.

이들은 한발 더 나아가 다음과 같이 주장한다. 수천 년 전에도 사람들은 당시의 간단한 도구를 이용해 바다를 건널 수 있었다. 고대 이집트에서 남아메리카 대륙으로 건너왔거나 반대로 남아메리카에서 이집트로 넘어갔을 가능성도 얼마든지 있다는 것이다.

그러나 문제는 이집트와 남아메리카에서 피라미드가 세워진 각각의 기간 동안 그들 사이에 왕래가 있었다는 사실을 어떻게 증명할 수 있느냐는 것이다. 이것을 증명할 수 없다면 남아메리카 피라미드가 이집트 피라미드를 모방했다는 주장은 아무런 근거가 없게 된다.

게다가 두 피라미드 간에는 차이점도 여러 가지이다. 고대 남아메리카 인디언들은 태양신, 달의 신, 비의 신, 강의 신, 하늘의 신 등 수많은 자연신들을 숭배했다. 그들은 높은 산꼭대기에 올라 제례를 올렸는데, 이것은 신과 더욱 가까워지기 위해서였다. 평원이나 계곡지대에서 생활했던 그들은 흙으로 언덕을 쌓고 그 위에 제사를 지낼 사원을 지었다. 그리고 종교활동이 더욱 성행하고 발전함에 따라 제단의 규모는 점점 커져 피라미드 형태로 변모하게 된 것이다.

피라미드를 세우는 건축술 또한 이집트 피라미드에 비해 훨씬 더 정교해졌다. 피라미드의 전체 구조와 꼭대기에 위치한 사원, 제단의 신상, 비석 및 기타 석조 예술품들은 당시 고대 인디언들의 정치·경제·문화를 반영하며, 각 시대 인디언 문화의 특징과 양식을 대표한다.

분명한 것은 고대 남아메리카 인디언 사회에서 피라미드는 바로 신의 권력을 상징하는 중심지라는 사실이다. 다시 말해 그들에게 피라미드는 종교의식을 거행하는 장소였고, 따라서 평평한 상단부의 사원이 가장 중요한 곳이었다.

반면 이집트 피라미드는 처음부터 파라오를 위한 무덤이었다. 남아메리카 피라미드 중에도 무덤으로 쓰인 경우가 있긴 하지만 그 수가 많지 않다. 또한 대부분이 후대에 시신을 안장하기 위해 구멍을 판 것일 뿐 처음부터 묘혈로 만들어진 것은 아니었다.

더욱이 두 피라미드 간에는 외형에 있어서도 다른 점이 많다. 남아메리카 피라미드는 이집트 피라미드처럼 사각추 모양이 아닌 누대 형식이며, 정면에는 계단이 설치되어 있다.

　물론 건축학 측면에서 볼 때 양쪽 피라미드는 모두 거대한 건축물을 지을 수 있는 가장 안정된 형태다. 또 제단으로 쓰이든 무덤으로 쓰이든 다분히 종교적인 색채를 띠고 있다. 결론적으로 두 피라미드는 각기 안정성과 영구성을 상징하는 가장 이상적인 종교건축 양식이었던 셈이다. 따라서 영리한 고대 이집트인과 지혜로운 남아메리카 인디언들이 똑같은 양식을 선택했을 가능성 또한 배제할 수 없는 것이다.

　남아메리카 피라미드가 원주민 고유의 유물인지, 아니면 이집트 피라미드의 모방인지 아직 정설로 인정된 것은 없다. 이 수수께끼를 풀기 위해서는 더욱더 많은 자료 발굴이 필요할 것으로 보인다.

CHAPTER 04

파라오는 어떻게 사람을 죽일 수 있었을까?

'파라오'란 '성스러운 권자'라는 의미의 고대 이집트 국왕에 대한 존칭이다. 이들 통치자들은 살아 있을 때 자신이 죽은 후의 안녕을 위해 인력과 물자를 아끼지 않고 대규모 피라미드를 짓게 했다.

그런데 그렇게 만들어진 피라미드의 깊고 어두운 통로 안에 무서운 저주가 새겨져 있다.

'파라오의 죽음을 깨우는 자에게는 죽음의 날개가 그 머리 위를 스치리라.'

처음에 사람들은 파라오의 저주에 별 관심을 기울이지 않았다. 묘실 통로에 저주의 말을 새긴 까닭은 그저 도굴꾼들을 겁주기 위함이라고 생각했다. 단지 자신의 편안한 죽음을 방해받고 싶지 않은 것뿐이라고 여긴 것이다.

그 후 세계 각지의 고고학자와 탐험가들이 고적을 발굴하고 보물을 찾기 위해 이집트로 몰려들었다. 물론 그들은 파라오의 저주엔 관심조차 없었다.

그러나 세상에서 가장 겁 없는 탐험가조차도 오싹해서 소름이

투탕카멘의 황금 가면

이집트 제18왕조의 12대 파라오인 투탕카멘. 지난 1922년 완벽하게 보존된 무덤과 시신이 발견됨으로써 세상에 그의 존재가 알려지게 되었다. 시신과 함께 그의 얼굴을 덮고 있던 황금 가면이 발견되었고, 그 외 3천 년 전의 향기를 그대로 간직하고 있는 향료, 전차, 무기, 의류 등 3,500여 점의 진기한 유물이 쏟아져 나왔다.

돈는 사건이 연거푸 발생했다. 도굴꾼, 과학자, 탐험가는 물론 그저 호기심 많은 관광객까지 파라오의 무덤에 발을 들여놓은 이들이 하나같이 불치병이나 불의의 사고 등 영문을 알 수 없는 이유로 죽어 갔던 것이다.

그제서야 비로소 사람들은 묘실 통로에 새겨진 저주에 대해 관심을 갖게 되었다.

'……죽음의 날개가 그 머리 위를 스치리라.'

이런 파라오의 저주가 눈앞에서 일어나고 있었던 것이다.

그중 가장 많은 사망자를 낳은 것은 투탕카멘의 무덤이다. 이집트 18왕조의 12대 파라오인 투탕카멘은 9세에 즉위하여 18세의 어린 나이에 죽은 불운한 왕이었는데, 그의 무덤에는 엄청난 보물이 숨겨져 있다는 전설 때문에 그 무덤은 수많은 탐험가들과 고고학자들의 표적이 되었다.

1922년 11월, 발굴단을 이끈 영국의 고고학자 하워드 카터가 마침내 투탕카멘의 무덤을 발견했다. 투탕카멘의 묘가 있는 왕가의 계곡에서 장장 7년이라는 세월을 보낸 끝에 얻은 수확이었다. 묘실 입구를 열자 황금색과 푸른색으로 빛나는 진기한 보물들이 눈앞에 펼쳐졌고, 모든 발굴단원들은 입을 다물지 못했다.

그러나 예상치 못한 일이 벌어졌다. 발굴 자금을 지원해 오던 카나본 백작이 투탕카멘의 무덤에 들어간 지 얼마 안 돼 갑자기 알 수 없는 병으로 사망했다. 당시 57세인 카나본 백작은 건강상태가 양호한 편이었다. 그런데 무덤에 들어간 당일 모기에게 물린 왼쪽 뺨의 상처가 결국 생명까지 앗아 가고 말았다.

불가사의한 것은 그 후 파라오의 미라를 살펴본 의사의 보고에 따르면, 미라의 왼쪽 뺨에 남아 있는 상처의 위치가 카나본이 모기에 물린 자리와 일치한다는 사실이었다.

더욱 이해할 수 없고 소름 끼치는 일은 그 다음에 일어났다. 투탕카멘의 무덤을 발굴하거나 참관한 사람들 중 20명이 넘는 자가 불과 몇 년 사이에 차례로 목숨을 잃은 것이다.

투탕카멘의 황금 옥좌

탐험대의 일원이었던 고고학자 메이스는 무덤 안의 벽 하나를
밀어 넘어뜨릴 것을 제안하여 투탕카멘의 미라 발견에 크게 기
여한 인물이었다. 그런 그는 카나본 백작이 죽은 지 얼마 안 돼
정신착란 증세를 일으키며 고통스럽게 죽어 갔다.

발굴에 참여했던 카나본 백작의 조카 허버트 역시 얼마 후 복
막염으로 사망했다. 한편 발굴단을 이끈 카터를 도와 무덤 속 유
물 목록을 작성했던 리처드 베텔은 자살했고 그의 부친인 웨스
트베리는 다음 해 2월, 런던에서 투신 자살했다. 그의 침실에서
는 투탕카멘의 무덤에서 가져온 꽃병이 발견됐다.

투탕카멘을 발견한 장본인임에도 요행히 불운을 피했다고 생
각한 카터는 가슴 졸이며 은거의 나날을 보냈다. 하지만 그 역시
1939년 3월 갑자기 사망하고 만다. 가족들의 증언에 따르면 카

터는 당시 아무 병도 없었다고 한다.

그 후 투탕카멘의 무덤에서 나온 유물의 수습을 맡은 카이로 박물관의 관장은 주위 사람들에게 이렇게 말했다.

"전 평생 이집트 피라미드와 미라들을 수없이 다뤄 왔지만 아직까지 이렇게 멀쩡하게 살아 있어요."

그러나 그도 이렇게 말한 지 4주도 되지 않아 불과 52세의 나이로 갑자기 세상을 떠났다.

등골이 오싹해지는 이야기는 이것으로도 충분하다. 다만 우리는 의문을 갖지 않을 수 없다. 이들의 죽음이 정말로 파라오의 저주와 상관이 있는 걸까?

수많은 과학자들은 당연히 이런 '미신'을 부정한다. 이들은 관련자들의 죽음을 불러들였다고 보는 파라오 무덤의 수수께끼를 풀기 위해 다양한 조사 작업을 벌였다.

어떤 과학자는 무덤의 구조가 사람들의 죽음과 관련 있다고 보았다. 무덤의 통로와 묘혈의 설계가 일종의 특수한 자기장을 방출하여 사람들의 목숨을 앗아 갔다는 것이다. 그러나 이런 설계를 하기 위해서는 현대보다 훨씬 뛰어난 과학기술이 필요하

투탕카멘의 금관

투탕카멘의 미라는 겹겹이 싸인 관 속에 밀봉되어 있다. 네 번째 층은 도금한 목곽이고 가장 안쪽의 것은 황금으로 만들어진 관이다. 마지막으로 미라의 얼굴을 감싼 아마포를 벗기자 고고학자들은 마침내 3천 년 동안 잠들어 있던 투탕카멘을 볼 수 있었다.

다. 3천여 년 전의 고대 이집트 인이 과연 그런 기술을 가지고 있었을까?

파라오가 도굴을 막기 위해 병균을 이용했다는 주장도 있다. 의사들의 보고에 따르면, 파라오의 무덤에 들어갔다가 죽은 사람들 대부분의 체내에서 호흡기 질병을 유발하는 병균이 발견됐다고 한다. 발굴에 나섰던 많은 사람들이 폐렴에 걸려 목숨을 잃은 것도 그 때문일지 모른다. 그렇지만 도대체 어떤 병균이 밀폐된 공간에서 4천 년이나 살아 있을 수 있단 말인가?

1983년에는 프랑스의 한 여의사가 색다른 의견을 제시했다. 그녀는 파라오의 무덤에서 나온 곰팡이 균으로 인한 과민반응으로 사람들이 사망에 이른 것이라고 생각했다.

실제로 파라오의 부장품에는 금은보석 외에도 과일이나 야채 같은 식품이 포함되어 있었다. 이런 식품은 오랜 시간이 지나면 온갖 곰팡이 균을 생성해 낸다. 이들 곰팡이 균은 공기가 희박한 무덤 속에서도 수천 년이나 생존할 수 있으며, 사람이 흡입할 경우 폐가 급성 염증을 일으켜 질식해 죽을 수 있다.

그렇지만 이 주장에도 문제는 있다. 무덤이 발굴된 지 오랜 시간이 지난 시점까지 어떻게 곰팡이 균의 포자가 흩어지지 않고 계속 남아 있는지에 대해 명확한 해답을 내지 못하고 있기 때문이다.

지금까지 등장한 해석들은 모두 조금씩은 억지스러운 구석이 있어 납득하기가 쉽지 않다. 과학자들이 빠른 시일 내에 수수께끼를 풀어 주기를 기다릴 뿐이다.

이집트 파라오 투탕카멘의 죽음은 1922년 발굴 당시부터 지금까지 고고학계가 해결 못한 미스터리로 남아 있다. 세상에 알려진 명성과 달리 투탕카멘의 무덤은 다른 파라오에 비해 규모가 작고 무덤 내부를 서둘러 축조한 흔적 또한 역력하다. 투탕카멘이 갑작스럽게 죽었으며, 심지어 살해됐다거나 불명예스럽게 매장됐을 가능성이 제기된 것은 바로 이 때문이다. 하지만 이를 입증할 만한 증거가 없었기에 고고학자들의 관심은 한낱 추측에 그치는 듯했다.

그런데 2002년 전직 FBI 요원과 범죄분석관으로 구성된 미국 연구팀이 투탕카멘의 타살설을 제기하고 나섰다. 이들은 무덤의 사진과 미라의 X선, 각종 문서 및 서적을 분석한 결과를 근거로 제시했다. 특히 X선 촬영 결과 투탕카멘의 두개골 상하부에서 발견된 뼛조각과 핏자국은 누군가가 그의 머리 뒤쪽을 무언가로 내리쳤음을 보여 주는 결정적인 증거로 부각됐다. 이들 수사관은 나아가 갖가지 정황과 증거를 근거로 범인 찾기에 나선 끝에, 왕비 안케센아멘을 포함한 4명의 용의자 가운데 재상이던 아이를 범인으로 지목했다. 투탕카멘의 뒤를 이어 13대 파라오가 된 그는 후일 안케센아멘을 아내로 맞은 인물이기도 하다.

하지만 고고학자들은 연구팀이 내세운 물증, 즉 벽화 속에 그려진 반지나 왕비의 편지 등을 해석하는 데 있어 객관성이 결여되어 있다고 판단, 회의적인 반응을 보이고 있다. 결국 누가 보기에도 명확한 증거가 나오기 전까지 투탕카멘의 죽음은 또다시 미궁에 남게 됐다.

CHAPTER 05

미케네 문명은
어떻게 멸망했을까?

기원전 2천 년 전에 발칸 반도 남단에 정착한 그리스 인들은 기원전 16세기 초 에게 해의 군도에 몇 개의 노예제 국가를 형성한다. 그 가운데 가장 강대했던 도시 미케네를 중심으로 발달한 미케네 문명은 1876년 유명한 고고학자 슐리만의 발견 덕분에 세상에 실체가 드러났다.

미케네에서 발굴된 다량의 점토문서는 기원전 13세기의 것으로, 적게는 서너 개, 많게는 100여 개에 이르는 간단하고 짧은 선형문자들이 새겨져 있다. 이 문자를 해독함으로써 미케네 문명의 인구 규모는 물론 목축 및 농산품, 토지, 제물, 무기의 물량 등을 파악할 수 있었다. 이를 바탕으로 당시의 경제·정치·종교·사회 구조를 추측해 보니 놀랍게도 미케네는 이미 노예제 국가가 성숙 단계에 이르렀고, 자유민 사이에 빈부 격차가 심각한 상황이었다.

미케네 고분에서 발굴한 황금 가면
슐리만은 이것이 미케네의 왕으로 트로이 전쟁을 승리로 이끈 아가멤논의 얼굴이라고 생각했지만 조사 결과 아가멤논 때보다 400년이나 앞선 시대의 것이었다.

미케네 고분

　미케네 유적에서는 정교하고 아름다운 수공예품과 청동무기, 금기, 도기 및 전쟁 장면을 그린 벽화도 출토되었다.

　미케네에서는 왕이 거주하던 성곽도 발견됐다. 거대한 돌로 산을 에워싸듯 세운 두께 5m, 높이 8m의 성벽에는 웅장한 '사자문'(미케네 왕가의 상징인 사자 한 쌍이 기둥 하나를 호위하고 있는 부조에서 딴 이름)이 서 있고 성 안에는 호화로운 왕궁의 자취가 남아 있었다. 또 성벽 아래 평야에는 부유한 상인과 시민, 수공업자들이 살았던 넓은 시가지가 자리했다.

　기원전 1400년 이후 100여 년 동안 미케네 문명의 중심지와 지중해 연안의 도시들은 상업적으로 빈번하게 교류했다. 이를 통해 해외 선진 문명을 받아들인 미케네의 경제와 문화는 급속

도자기로 만든 여자 인형

도로 발전하기 시작했고, 국력 또한 나날이 커져 마침내 어느 나라도 대적할 수 없는 강대국이 되었다. 이리하여 기원전 1400년에서 기원전 1200년 동안 미케네 문명은 최고의 전성기를 맞이한다.

그러나 한때 번영을 누렸던 이 문명세계는 현재 폐허로만 남아 있다. 미케네 문명은 도대체 어떻게 멸망한 것일까?

일부는 트로이 전쟁에서 그 원인을 찾는다. 그리스 연합군이 최후의 승리를 거둔 것은 사실이지만, 트로이 성을 포위하고 공격한 10년 동안 인력과 물자의 낭비를 막을 수는 없었다. 트로이 성 역시 오랫동안 포위를 견디는 사이 이미 빈곤한 도시로 전락했고, 그리스 군은 성을 함락시키고도 별 다른 소득을 얻지 못했으며 전리품은 그들이 치른 대가에 비해 턱없이 모자랐다.

게다가 트로이 전쟁에서 승리한 뒤에는 더 무서운 적이 그들을 노리는 위기상황이 이어지며 미케네 등 여러 도시국가들은 국력이 어마어마하게 약해지고 말았다. 북방의 유목민족들이 차례로 남하하여 공격하고 노략질을 일삼으면서 쇠퇴의 길로 들어서고 만 것이다.

미케네 문명을 멸망으로 이끈 결정적인 주인공이 바로 북방 유목민족 중 하나인 도리아 인이라고 주장하는 학자도 있다. 호메로스 서사시에 따르면 트로이 전쟁 전부터 북방의 유목민족들이 서서히 남하하여 미케네 문명의 세력권을 위협했다. 그 와중에 도리아 인은 이피로스로부터 로도스 등 미케네에 속한 섬으로 침입한다.

그러나 이런 주장에 대한 반대도 만만치 않다. 도리아 인이 침략하기 전에 이미 미케네 문명은 쇠퇴의 길을 걷고 있었다는 것이다. 고고학자들의 고증에 따르면 기원전 13세기 후반, 미케네 문명은 흔들리기 시작해 많은 도시가 황폐해졌다. 기원전 12세기 무렵에는 미케네의 거주지가 320개 이상이었던 것이 기원전 11세기에는 고작 40여 개만 남았다. 더욱이 도리아 인이 침입했다는 뚜렷한 증거를 아직 찾아내지 못했다.

도리아 인이 아주 오래 전부터 미케네를 군주로 섬기며 미케네 문명권에 살았지만 피지배계층에 불과했다고 주장하는 학자도 있다.

호메로스 서사시에는 트로이 전쟁이 끝난 후 도리아 인들이 미케네의 지배층을 뒤엎었다는 이야기가 나온다. 그러나 이것은 단지 내부의 계급투쟁일 뿐 민족의 침략을 거론한 것은 아니다.

한편 미케네 세계의 또 다른 강력한 연방도시였던 파이스투스에서는 기원전 13세기 중엽 청동이 부족해 청동기 제조업이 쇠락하자 도시의 각 계층이 충돌했다. 세금도 제대로 걷히지 않아 국고가 텅 비자 통치권도 위태로워졌다. 이처럼 강대한 파이스투스의 중앙집권 체제가 심각한 타격을 입자 자연 미케네 문명

사자문
미케네 성벽 입구에 있는 사자문은 방어 기능 외에도 종교적인 색채를 농후하게 띠고 있다. 문 위의 돌사자는 거대한 기둥의 양옆에서 여신을 옹위하는 모습이다.

전체에 영향이 미쳤을 것이다. 어쩌면 이것이 미케네 문명의 멸망을 가져온 근본 원인일지도 모른다.

미케네 문명이 해상민족의 침입으로 멸망했다는 주장도 있다. 기원전 13세기 말, 동지중해의 해상민족은 소아시아, 시리아, 팔레스타인, 이집트 등 수많은 도시를 차례로 무너뜨린 다음 미케네까지 힘을 뻗쳤다. 그러나 미케네가 남긴 점토문서에서는 당시 군사적으로 특별한 움직임이 있었다는 증거가 발견되지 않았다.

파이스투스는 도시를 지킬 만한 방어시설을 구축하지 못해 망하고 말았지만 미케네 등 여러 연방도시에는 거대한 돌로 쌓은 높은 성벽이 있었다. 이처럼 삼엄한 경계를 갖추고도 어째서 파이스투스와 똑같은 운명에 처한 것일까?

그 이유를 천재지변으로 설명하기도 한다. 어느 고고학자는 당시 몇 년이나 계속된 가뭄으로 식량이 바닥나 인구가 줄고 곳곳에서 굶주린 백성들이 폭동을 일으켰다고 말한다. 상황이 이렇다 보니 미케네 문명은 점차 쇠퇴해 갔고 결국 이민족의 침입에 꼼짝없이 무너졌다는 것이다.

그러나 이런 주장들이 힘을 얻으려면 좀더 세밀한 고증이 필요하다. 아주 오랜 비밀을 풀기 위해 더 많은 자료의 발굴과 연구를 바랄 뿐이다.

CHAPTER 06

미라는 어떻게
보존되는 것일까?

1971년 중국 호남성 장사시 교외의 마왕퇴 구릉에서 해방군들의 방공호 작업이 한창일 무렵, 땅 밑 10m 부근에서 주변 흙과 전혀 다른 딱딱한 진흙더미가 나타났다. 호기심을 느낀 군인들이 진흙을 드릴로 뚫자, 잠시 후 구멍에서 '쉭' 하는 소리와 함께 코를 찌르는 냄새의 가스가 새어 나왔다. 그때 한 병사가 무심코 담배에 불을 붙이면서 폭발이 일어났고, 동시에 중국 한나라(기원전 202~기원후 220년) 초기의 무덤 하나가 세상에 모습을 드러냈다. 바로 '마왕퇴한묘' 이다.

장사시는 전국시대부터 한대에 이르는 유물이 빈번히 출토되는 곳이었다. 그러나 1972년 본격적으로 고분 발굴을 시작할 당시만 해도 무덤 속에 세상을 깜짝 놀라게 할 존재가 잠들어 있을 줄은 아무도 예상하지 못했다.

그해 4월 1호분에서 3중으로 된 목곽(무덤에 관과 부장품을 넣기 위해 나무로 만든 시설) 속에 역시 3중으로 된 목관이 드러났다. 목관과 목곽 사이에는 다량의 악기와 칠기, 비단을 비롯하여 청동 거울, 나무빗, 거북 모양의 술잔 등 진기한 부장품이 발견되었다. 특히 목관을 덮고 있는 백화, 즉 비단에 그려진 그림은 중국 미술사에서 가장 뛰어난 예술품으로 꼽을 만했다.

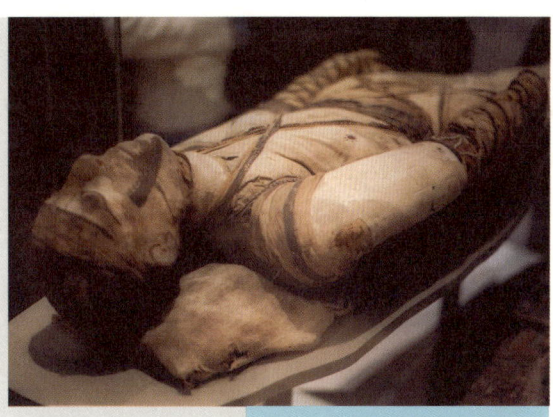

뒤이어 목관의 주인공이 공개된 순간, 발굴단은 하나같이 놀라움을 감추지 못했다. 50세가량으로 보이는 여인의 유해는 2천 년이라는 세월이 무색할 만큼 보존상태가 완벽했다. 이처럼 부패의 흔적이 없는 경우는 세계에서도 유례를 찾기가 힘들었다.

153cm의 키에 체중 34.3kg, 누르면 들어갔다 다시 나올 만큼 탄력 있고 윤기 있는 피부, 심지어 지문과 피부의 땀구멍까지 생생했다. 몸속 혈관과 뼈 조직 또한 온전한 유해는 해부 결과 생전에 담석증, 동맥경화, 심장병 등 여러 질병을 앓았으며 그중 하나가 급성으로 발병하여 죽음에 이른 것으로 추측됐다. 또 식도에서 소장에 이르는 모든 소화기관에서 참외씨가 나온 것으로 보아 사망한 시점이 참외가 익을 무렵인 것으로 짐작할 수 있었다.

2천여 년의 세월 동안 어떻게 시신의 내장까지 그대로 보존될 수 있었던 걸까? 이는 전 세계 고고학계를 발칵 뒤집어놓는 최고의 발견이었다.

미라는 아스텍 문명, 잉카 제국 등 동서양을 가리지 않고 세계 전역에서 만들어졌으며, 특히 고대 이집트에서 오랫동안 성행했다. 사람이 죽은 뒤에도 영혼은 소멸되지 않는다고 믿은 고대 이집트 인들이 일찍이 미라를 만들어 기원전 2천 년경부터는 시체

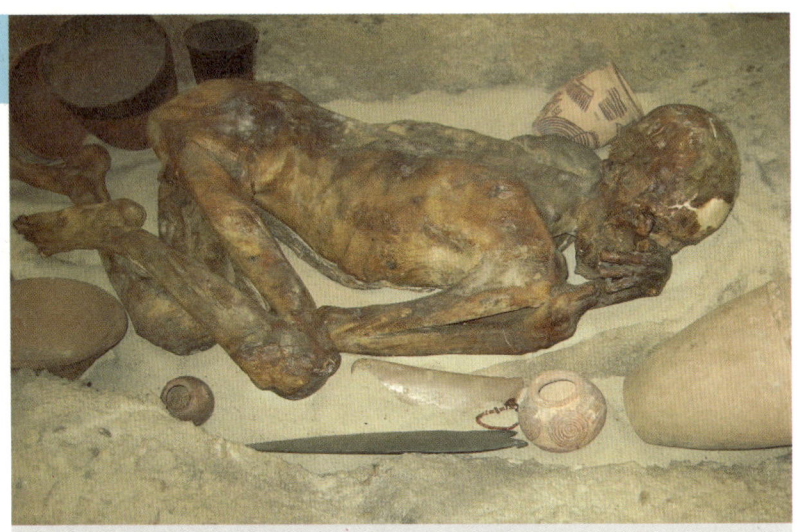

의 내장을 제거하기 시작했고, 약 3천 년에 걸쳐 기술을 완성시켰다.

그리스 역사가 헤로도토스가 기록에 남긴, 이집트 인들이 미라를 만든 과정은 다음과 같다. 우선 시신을 씻고 향유 또는 향료를 바른다. 시신에서 뇌를 빼내고 심장을 제외한 모든 내장을 제거한다. 몸에서 꺼낸 장기는 각기 방부처리하거나 건조시켜 용기에 담아 보관하되 콩팥, 방광, 여성의 생식기 등은 하찮게 여겨 특별히 처리하지 않는다. 자연산 방부염인 나트론을 헝겊으로 싸 장기를 꺼낸 몸속에 채우고, 체액이 밖으로 빠져 나오도록 구멍을 뚫는다. 이때 사체 외부에는 소다수를 발라 탈수를 돕는다.

70여 일에 거쳐 방부처리를 끝낸 뒤 완전히 건조시킨 시신에 향신료를 바르고 아마포 붕대를 감는다. 마지막에는 송진을 입힌 붕대를 감아 마무리하고 얼굴에 마스크를 씌운다. 완성된 미라는 관 속에 넣어 장례를 치르지만, 평민은 관 없이 땅 속에 묻는 경우도 많았다.

이처럼 인공적으로 미라를 만들기 위해서는 몸속의 장기를 제거하고 약품을 처리하는 과정이 필수적이다. 이집트의 경우 뛰어난 미라 제작 기술뿐 아니라 건조한 기후와 모래 등의 자연환경이 미라의 보존을 도왔다.

그렇다면 세상에서 가장 완벽하게 보존된 중국 마왕퇴한묘의 미라는 어떻게 설명해야 할까? 살아생전 수은 성분이 강한 선단을 복용했을 만큼 불로장생에 대한 욕구가 강했던 고대 중국인, 특히 귀족은 죽은 뒤에도 사체의 부패를 막기 위해 당대 최고의 기술을 동원한 것으로 알려져 있다.

나머지 고분 발굴을 마친 결과 마왕퇴한묘는 기원전 2세기 전한시대, 장사국이라는 제후국의 승상인 이창과 그 가족의 무덤인 것으로 밝혀졌다. 화제가 된 미라는 바로 이창 부인의 유해였다. 당시 승상이 왕이나 다름없는 지위였다는 것을 감안할 때 이들의 무덤에 들인 공 또한 충분히 짐작할 수 있다.

하지만 완벽하게 보존된 미라의 비밀은 무덤 안이 아닌 무덤 밖에서 찾을 수 있다. 바로 무덤을 둘러싼 진흙과 숯이다. 목곽 바깥을 1m 이상 감싼 진흙은 점성이 강한 고령토의 일종으로, 밀폐력이 뛰어날 뿐 아니라 외부의 충격과 빗물을 막아 내는 역할을 한 것으로 보인다. 또한 빽빽하게 목곽을 둘러싸고 있는 수 톤이 넘는 숯 역시 목관 내부의 습기를 제거하는 데 일조했을 것이다.

그러나 이상의 조건만으로 내장까지 고스란히 남은 시신을 설명하기에는 불가사의한 면이 많아서 마왕퇴한묘의 미라는 여전히 수수께끼의 주인공으로 남아 있다.

::뉴스 속 고고학::

미라는 고대 이집트에서처럼 약물을 이용하거나 장기를 제거하는 방법으로 인공적으로 만드는 경우도 있지만, 고온이나 건조한 환경 등에 의해 자연적으로 생성되는 일도 있다. 우리나라에서 발견된 미라는 자연적으로 생성된 것이 대부분이며, 보통은 묘지 이장(무덤을 옮기는 것) 중에 발견되곤 한다.

2002년에 파주시 교하읍, 파평 윤씨 묘역에서 발견된 미라가 대표적 자연 미라이다. 이장 작업 중 발굴된 이 미라는 조선 중종의 비였던 문정왕후의 조카딸로 밝혀졌다. 놀라운 것은 무덤의 주인공이 20대 초·중반 아이를 낳다가 자궁파열로 사망했으며, 배 속 태아와 함께 미라로 발견됐다는 사실이다.

임산부와 태아의 시신이 이처럼 보존이 잘된 미라로 함께 발견되는 사례는 세계적으로 흔치 않다. 전문가들은 당시 시신이 매장된 시점이 겨울이었던 점, 목관을 다시 목곽으로 감싸고 그 곽에 회를 둘러 공기를 차단한 점 등이 이들 모자가 자연 미라로 보존된 원인이라고 설명했다.

한편, 습지에서 자연 미라가 발견되는 경우도 있다. 특히 토탄층은 공기를 차단하는 역할을 하여 공기 중 유기물이 시신을 부패시키는 것을 막아 준다. 실제로 덴마크의 톨룬드라는 습지에서는 토탄층을 파는 과정에서 무려 2천 년 전 철기시대 사람이 발견되었다. 토탄의 색깔에 의해 피부가 갈색으로 변했을 뿐, 얼굴의 주름은 물론 머리카락까지 생전의 모습 그대로였다. 톨룬드 맨으로 불리는 이 미라는 현재 덴마크 실케보르크 박물관에서 소장 중이다.

CHAPTER 07

아마존 여인국은
정말로 존재했을까?

그리스 신화에서 아마존 여인국에 대한 이야기는 가장 흥미진진한 부분 가운데 하나다. 아마존은 매우 용맹스런 여성들로만 이루어진 부족으로, 소아시아에서 일족이 생겨나 대부분 그리스 동쪽 흑해 연안의 폰토스 지역에 거주했다.

아마존의 여성 전사는 어렸을 때 오른쪽 가슴을 불로 지지거나 잘라냈는데, 표창을 던지거나 활을 쏘는 데 불편하지 않기 위해서였다. '아마존'이란 이름에도 '젖이 없다'는 뜻이 담겨 있다.

아마존에서는 2명의 여왕과 1명의 장군, 1명의 행정관이 함께 나라를 다스렸다. 스스로 전쟁의 신 아레스의 후예라고 믿었던 그들은 수렵의 여신 아르테미스도 함께 숭배했다. 전쟁과 수렵, 간단한 농업을 주업으로 하는 여전사들은 말을 타고 전투에 나가 뛰어난 활쏘기 실력을 발휘했으며, 용맹함도 뒤지지 않아 용병의 신분으로 세계 각지의 군대에서 활약하는 경우도 많았다.

사냥꾼 악타이온은 순결의 상징이기도 한 여신 아르테미스의 목욕 장면을 훔쳐보았다. 화가 난 아르테미스는 악타이온을 사슴으로 변하게 한 후 그가 몰던 사냥개가 물어 죽이게 만들었다. 왼쪽에 활을 들고 서 있는 수렵의 여신 아르테미스는 아마존 여성들의 숭배 대상이었다.

사병의 투구

전설에 따르면 남자는 아마존 여인국의 국경을 넘을 수 없었다. 다만 종족을 이어야 했기에 아마존 여인들은 1년에 한 번 인근의 부족을 방문해 남자를 만났다. 그 후 태어난 아기가 여자아이면 맡아 키웠지만 남자아이인 경우에는 죽이거나 아이의 아버지에게 보냈다.

아마존 전사들은 여러 차례 그리스 영웅들과 경합을 벌인 것으로도 유명하다. 헤라클레스의 열두 가지 고난 중 하나는 바로 아마존 여왕이 지닌 전쟁의 신 아레스의 황금 허리띠를 가져오는 것이었다. 아마존의 여왕 히폴리테는 헤라클레스와 사랑에 빠져 그에게 허리띠를 내주기로 약속한다. 하지만 제우스가 다른 여자에게서 낳은 헤라클레스를 죽이려는 헤라 여신의 음모 때문에 결국 히폴리테는 헤라클레스의 손에 죽고 만다.

호메로스 서사시의 《일리아스》에도 아마존 여인국이 등장한다. 아마존 전사들은 트로이를 도왔는데 전쟁이 일어난 지 10년째 되는 해 아킬레우스가 여왕 펜테실레이아의 목숨을 앗아 갔다고 한다. 《컬럼비아 백과사전》은 아마존이라는 여인국을 다음과 같이 설명한다.

'아마존은 무예를 숭상하는 나라로 소아시아에 위치했다. 여권 중심 사회였던 이곳에서 여성은 전쟁과 행정을 맡았고 남성은 가사를 돌보았다. 모든 여성은 1명의 남성을 죽여야만 결혼할 수 있었고, 모든 남자아이는 출생 후 반드시 죽임을 당했다. 용맹스럽고 전투에 능했던 아마존은 피리지안, 트라키아, 시리아

등 소아시아의 곳곳을 정복했다.'

신화에서 아마존을 접한 사람들은 아마존에 대한 호기심을 키웠다. 아마존 여인국은 시인들이 만들어 낸 가상의 공간일까, 아니면 실제로 존재했던 곳일까?

대부분은 이 이야기가 신화에 불과하다고 생각했다. 왜냐하면 지금까지 아마존과 관련된 유적이 하나도 발견되지 않았기 때문이다.

그러나 만약 아마존이 처음부터 존재하지 않았다면 어째서 그

라오콘

트로이 전쟁 중 그리스 인의 계획을 알아차린 트로이 성의 사제 라오콘은 트로이 사람들에게 버려진 목마를 성 안으로 가져오지 말라고 경고한다. 그러나 비밀을 누설한 죄로 라오콘과 그의 두 아들은 아폴로와 아르테미스가 보낸 두 마리의 거대한 뱀에게 물려 죽고 만다.

리스 사람들은 아마존 여인의 조각상을 만들고 그들을 찬미했던 걸까?

누군가는 아마존을 남성이 통치하던 그리스 인이 꾸며낸 상상의 나라에 지나지 않는다고 이야기한다. 그러나 여인들만 사는 나라 이야기는 다른 곳에서도 찾아볼 수 있다.

중국 당나라의 현장법사가 쓴 《대당서역기》에도 여인국이 등장한다. 동로마 제국의 서남쪽 섬에 있는 '여인들만 살며 남자아이를 낳으면 기르지 않는' 나라의 이야기다. 그 후 명나라의 작가 오승은은 《서유기》에서 이 부분을 더욱 강조해 전체 줄거리에서 가장 흥미진진한 이야기를 만들어 냈다.

그런가 하면 16세기 스페인의 어느 보물탐험대는 아마존 강 유역에서 전설 속의 아마존 전사와 흡사한 여성들의 습격을 받았다고 주장했다.

신화와 전설, 미술 조각품, 문학 작품뿐만 아니라 역사서에도 아마존 여인국이 등장한다. 고대 그리스 역사학자 헤로도토스는 《역사Historiae》에서 아마존 여인국을 상세히 묘사했다. 그중 가장 자세한 대목은 아마존과 그리스 인이 벌인 최후의 전쟁 장면이다.

'마침내 승리를 거둔 그리스 인은 포로들을 아테네로 데려갈 준비를 마친다. 배가 바다로 나가자 감시가 소홀해진 틈을 타 아마존 여전사들이 그리스 군을 모조리 살해한다. 하지만 항해술에 대해서는 전혀 아는 바가 없었기에 오랜 표류 끝에 흑해 동북부의 해안에 다다르

게 된다. 그곳에서 스키타이 인들과 마주쳐 전투를 벌이지만, 민첩하고 용맹한 이들이 여성이란 사실을 알아차린 스키타이 인들은 곧장 무기를 버리고 구애를 한다.'

그 후 젊은 스키타이 인과 아마존 여전사들이 아이를 낳아 기르면서 마침내 '여권제 국가'가 탄생했다. 헤로도토스는 이것이 바로 사우로마타이 인의 기원이라고 말한다. 그렇지만 헤로도토스가 직접 아마존 여전사들을 봤는지는 확실치 않다.

1997년에 발견한 유적은 이 오래된 수수께끼의 실마리가 될지도 모른다. 미국과 러시아가 공동으로 참여한 탐사대가 카자흐스탄의 러시아 남부 초원에서 기원전 600년에서 기원전 200년에 걸쳐 살았던 유목민족의 무덤을 150개 이상 발견했다. 여기에는 무기와 여성의 해골이 함께 매장되어 있었고, 전투 중에 사살된 것으로 보이는 한 여성의 몸에는 화살촉이 깊이 박혀 있었다.

화살촉이 든 작은 가죽주머니를 목에 걸고 있는 14세 가량의 소녀도 함께 발견됐다. 그녀의 오른쪽에는 칼자루가, 왼쪽에는 40여 개의 화살이 든 화살통이 놓여 있고, 두 다리가 조금 휜 것으로 보아 오랫동안 말을 탄 것으로 보였다. 어린 여자아이도 전투 훈련을 받은 것이 분명했다.

이들이 혹시 전설 속의 아마존 여전사가 아닐까? 그러나 자세히 연구해 보니 무사와 흡사한 겉모습과 달리 실제 유해에는 전투로 인한 사망의 흔적이 거의 없었다. 이에 러시아의 전문가들은 이 여성들이 호전적인 부락에 속해 있어 무기를 부장품으로

아테네 성의 수호신 아테나 여신의 청동상
전쟁의 신이기도 한 아테나의 청동상답게 원래는 긴 창과 방패를 손에 쥐고 있었다.

함께 묻은 것에 불과하다고 주장한다.

아마존은 전설 속의 부족일까, 아니면 실제로 존재했던 걸까? 고고학자 슐리만이 땅 속의 유적을 발견할 때까지 트로이와 미케네가 신화 속에 묻혀 있었던 것처럼, 아마존도 지금 깊은 땅 속에서 누군가가 꺼내 주기만을 기다리고 있을지도 모른다.

이스터 섬의 거대한 석상은 누가 만들었을까?

CHAPTER 08

태평양 남쪽, 칠레에 속해 있는 이스터 섬은 칠레 해안에서 약 3,700km 떨어져 있는 삼각형의 화산섬이다. 100여 m² 크기의 이 작은 섬에는 다양한 사화산들이 분포되어 있다. 현재 섬에 거주하는 폴리네시아 원주민은 전체 주민의 3분의 1에 지나지 않으며 대부분은 혼혈이다.

이스터 섬이 발견된 것은 아주 오래 전의 일이다. 1722년, 네덜란드의 항해가 로게벤은 칠레 해역의 지평선에서 작은 녹색 점을 발견했다. 처음에는 파도와 태양이 만들어 낸 신기루인 줄로만 알았지만, 좀 더 가까이 접근한 끝에 작은 섬이라는 것을 알게 된 그는 마침 부활절임에 따라 '이스터 섬'이라고 이름 지었다.

섬에 발을 들여놓은 그는 무엇보다 거대한 석상을 보고는 감탄하지 않을 수 없었다. 섬을 돌아보자 더 많은 석상이 발견됐다. 이후 황량하고 외진 이 작은 섬은 세계적인 관광지가 되었다.

지금까지 이스터 섬에서 발견된 석상은 약 1천여 개이다. 대개는 7m 이상으로 10m가 넘는 것도 있고, 무게는 최대 90t 이상, 제일 가벼운 석상도 50~60t은 족히 나간다.

예술 수준도 상당히 높은 편이다. 우뚝 서서 고개를 든 채 묵묵히 바다 쪽을 바라보는 형태가 있는가 하면, 어떤 것은 땅에 아무렇게나 쓰러져 바닥에 입을 맞추는 모습이다. 머리와 몸이 따로 떨어져 있는 석상도 있다.

이처럼 다양한 양식 속에서 한 가지 공통점을 찾는다면 모든 석상이 상반신만 있다는 점이다. 또한 하나같이 꼿꼿한 자세를 취한 채, 팔은 자연스럽게 아래로 떨어뜨리고 있다.

그중에서도 가장 매력적인 석상은 마치 사색 중인 듯한 모습으로 시선을 내리깔아 발 아래로 이어진 대지를 응시하고 있으며 눈빛은 형형하게 살아 있다. 기이하게도 이 석상은 손이 4개나 된다. 마치 조각가가 먼저 있던 두 손이 만족스럽지 못해 다시 2개를 더 깎았다가 원래 손을 지우는 것을 잊은 듯하다.

세상과 떨어져 있던 외딴 섬에 이처럼 많은 석상이 세워진 데 대해 사람들은 의문을 품었다. 석상의 정체는 과연 무엇일까? 언제, 또 어떻게 만들어진 것일까? 이에 대답하기 위해 사람들은 갖가지 추측과 연구를 계속해 왔다.

이스터 섬이 일찍이 고도로 발달된 문명국이었던 고대 아틀란티스 대륙의 일부라는 주장이 그중 하나였다. 고대

이스터 섬의 거대한 석상
일부는 머리에 붉은 모자를 쓰고 있는데 현지인들은 이것을 '푸카오'라고 부른다. 석상들은 하나같이 표정이 명하고 홀쭉하고 긴 얼굴을 가지고 있다. 그들이 가진 독특한 분위기는 외래문화의 영향을 전혀 받지 않은 토착예술임을 보여준다.

그리스 철학가 플라톤은 《대화편》을 통해 아틀란티스 대륙을 언급한 바 있다. 찬란한 문화를 자랑하던 이 남태평양의 고대륙은 대략 1만 년 전에 있었던 지각변동으로 인해 수천만 명의 주민과 함께 바다 속으로 사라지고 말았다. 그러나 당시 아틀란티스의 일부였던 이스터 섬은 어떤 이유에 선지 재난을 피할 수 있었고, 덕분에 고대 문명이 낳은 1천여 점이 넘는 석상들이 세상에 남게 되었다는 것이다.

석상을 인디언들의 유물로 보는 이들도 있다. 이스터 섬의 거주 양식은 칠레나 페루와 거의 비슷하며, 이들 나라의 최초 원주민은 모두 인디언들이었다. 수천 년 전 그들은 이스터 섬에서 문자, 그림, 조각, 체계적인 천문학 지식과 독특한 건축 양식을 포함해 고도의 문명을 창조한 것으

풀숲에 흩어져 있는 석상들
조사 결과 석상들은 대략 1200~1500년에 조각되었음이 밝혀졌다.

이스터 섬은 칠레에서 약 3,700km 떨어져 있다.

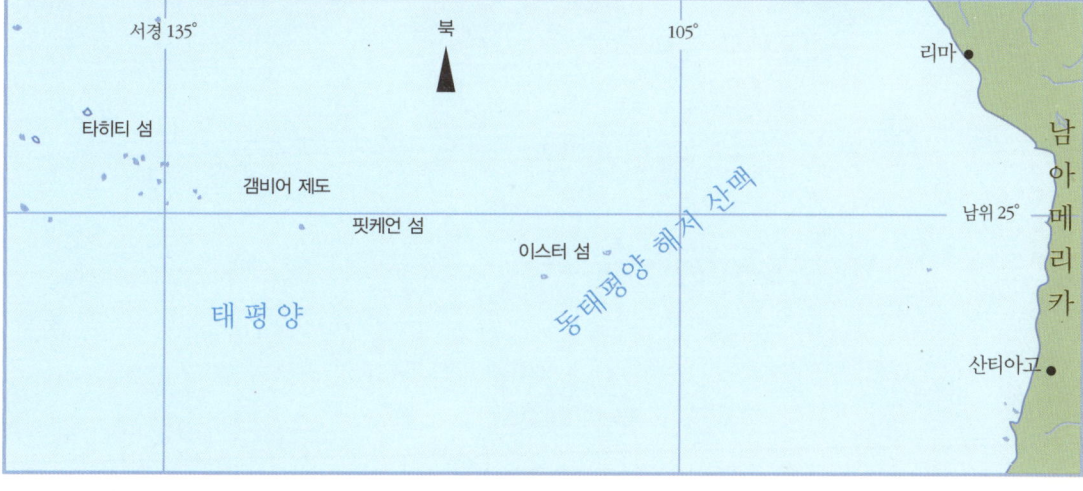

서경 135°　　북　　105°

리마

타히티 섬

갬비어 제도

핏케언 섬　　이스터 섬

남위 25°

동태평양 해저 산맥

태평양

남아메리카

산티아고

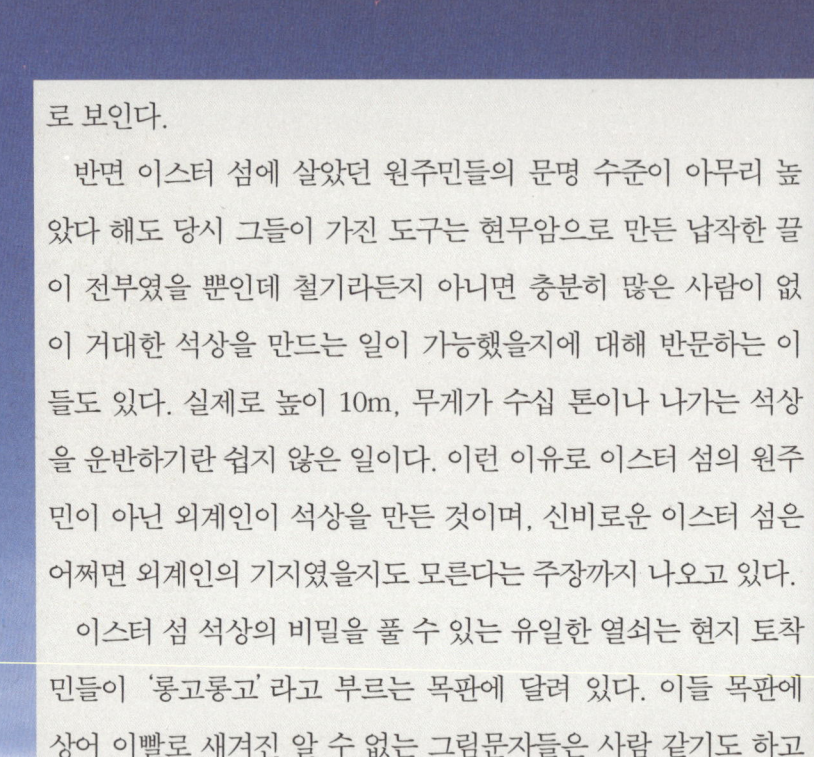

로 보인다.

반면 이스터 섬에 살았던 원주민들의 문명 수준이 아무리 높았다 해도 당시 그들이 가진 도구는 현무암으로 만든 납작한 끌이 전부였을 뿐인데 철기라든지 아니면 충분히 많은 사람이 없이 거대한 석상을 만드는 일이 가능했을지에 대해 반문하는 이들도 있다. 실제로 높이 10m, 무게가 수십 톤이나 나가는 석상을 운반하기란 쉽지 않은 일이다. 이런 이유로 이스터 섬의 원주민이 아닌 외계인이 석상을 만든 것이며, 신비로운 이스터 섬은 어쩌면 외계인의 기지였을지도 모른다는 주장까지 나오고 있다.

이스터 섬 석상의 비밀을 풀 수 있는 유일한 열쇠는 현지 토착민들이 '롱고롱고'라고 부르는 목판에 달려 있다. 이들 목판에 상어 이빨로 새겨진 알 수 없는 그림문자들은 사람 같기도 하고 물고기 같기도 하며, 또 도구나 식물처럼 생긴 것도 있다.

이스터 섬은 세계에서 가장 외떨어진 오지 중 하나다. 이스터 섬이 발견되자 차례로 이 섬을 찾은 유럽의 탐험가들은 황량한 섬에 살고 있던 토착민들뿐만 아니라 100여 개의 석상에도 깊은 관심을 보였다. 이들 석상은 신비로운 분위기의 긴 얼굴, 우뚝한 콧날, 얇게 튀어나온 입술, 뒤로 조금 쏠린 넓은 이마, 뺨까지 늘어진 귀, 날아가는 새가 그려진 몸통, 옆으로 늘어뜨린 두 손 등 기이하고 독특한 양식을 보여 준다. 많은 사람들이 여행기와 견문록, 회고록에 석상에 대한 이야기를 남기면서 나날이 유명해졌다. 이스터 섬의 석상은 마치 그들의 비밀을 벗겨 줄 누군가를 기다리는 듯 오늘도 섬을 찾는 사람들을 묵묵히 지켜보고 있다.

이스터 섬의 토착 원주민들은 여전히 전통적인 관습과 복식을 지켜가고 있다.

원주민들은 이 그림문자들을 통해 이스터 섬의 역사를 알 수 있다고 말한다. 그렇지만 목판의 절반 이상이 약탈 등으로 이미 사라진 상태인데다 그림문자에 나타나는 변화가 너무 적고 현재 원주민이 사용하고 있는 문자와 전혀 달라 어떤 고문자 학자도 수수께끼를 풀지 못하고 있다.

전해지는 이야기에 따르면, 이스터 섬에서 유일하게 이 목판을 읽을 수 있었던 가브리엘이라는 사람이 다른 사람에게 그 방법을 전하기 전에 나병에 걸려 세상을 떠나면서 롱고롱고는 영원히 입을 열지 않는 벙어리가 되고 말았다고 한다.

이스터 섬 주민들은 석상의 유래 또한 확실히 알지 못한다. 그들은 선조들로부터도 이에 관해 아무런 이야기도 듣지 못했고, 그저 아주 오래 전부터 그 섬에 있었다는 사실만 알고 있다. 심지어 그들은 이스터 섬의 역사조차 제대로 모르고 있다.

역사가 우리에게 남긴 수수께끼는 너무나 많다. 그렇지만 이들 수수께끼야말로 인류의 지혜와 끈기를 시험하는 하나의 도전이 아니겠는가?

이스터 섬을 조사하려는 고고학자들의 발걸음은 오늘도 끊이지 않고 있다. 덕분에 멀지 않은 장래에 인류의 과학은 분명 이스터 섬을 가리고 있는 신비의 베일을 벗길 수 있을 것이다.

위를 바라보는 석상

CHAPTER 09

신비한 스톤헨지에 담긴 뜻은 무엇일까?

영국 윌트셔 주의 솔즈베리 평원에 기이한 형태로 우뚝 서 있는 스톤헨지는 80여 개의 커다란 돌기둥들이 몇 겹의 완전한 동심원을 이루며 배열되어 있다. 그리고 그 주변은 지름 약 114m의 도랑과 둑이 둥글게 둘러싸고 있다. 둑 안쪽에는 일정한 간격으로 56개의 구덩이가 파여 있으며, 그 안에 거석이 두 줄로 원을 이루었다.

이처럼 스톤헨지는 여러 겹의 돌기둥과 둑으로 안과 밖이 구분된다. 게다가 올려다보는 사람에게 원근감이 느껴지도록 아래쪽에 더 굵은 돌기둥을 쓴 것이나 돌기둥을 깎고 원 모양으로 배치한 것은 오늘날에도 사용되는 건축 기법이다.

이런 건축적인 구조만으로 본다면 스톤헨지는 그리스의 신전과 다를 바 없다. 그래서 스톤헨지는 고인돌과 같은 거석이 아니라 건축물로 분류된다.

스톤헨지에서 가장 웅장한 부분은 중심에 있는 스톤서클이다.

석양이 비춘 스톤헨지
솔즈베리 평원의 스톤헨지가 석양 아래 묵묵히 서 있다. 아일랜드의 거인족이 아프리카에서 이 돌들을 등에 지고 와서 스톤헨지를 지었다는 전설도 전해 내려온다.

스톤서클은 높이 4m, 너비 2m, 두께 1m, 무게 25t의 돌기둥 30개를 직사각형으로 다듬어 원 모양으로 배열한 것으로 그 위에 또 다른 돌들을 수평으로 연이어 얹어 놓았다.

그리고 이 스톤서클 안에는 아치문이라고 부르는 사암으로 된 5개의 삼석탑(고인돌처럼 2개의 돌기둥 뒤에 가로로 돌을 눕혀 놓은 것)이 말발굽 모양으로 늘어서 있다. 이곳이 바로 스톤헨지의 가장 중심부이다.

스톤서클 한쪽에는 출구처럼 트인 부분이 있는데, 이것은 한여름에 해가 뜨는 방향인 동북쪽을 가리킨다. 입구 밖으로 사각형의 광장이 나타나고 그 끝 가운데에 높이 4.9m, 무게 약 35t에 달하는 사암 거석, 힐 스톤이 서 있다.

하지와 동지에 힐 스톤에서 바라보면 붉은 태양이 스톤헨지 가운데를 넘어 힐 스톤 반대쪽으로 점점 사라지는 것을 볼 수 있어 스톤헨지의 장엄함과 신비감을 느낄 수 있다.

하지만 무엇보다 놀라운 점은 스톤헨지가 도시가 아닌 허허벌판에 건설되었다는 사실이다. 평원에 홀로 우뚝 서 있는 스톤헨지 주위를 현재는 고속도로가 빙 두르고 있는데 동쪽으로 연장선을 그으면 곧장 런던으로 통한다.

영국 곳곳에서는 스톤헨지 외에도 비슷한 시대에 만든 돌 기념비들이 발견되었지만 그것들은 모두 자연 그대로의 바위를 사용했을 뿐이다. 그렇다면 도대체 누가, 왜 이런 허허벌판에 이 같은 건축물을 세운 것이고, 또 어떻게 만들었을까?

12세기, 웨일스의 수도사 제프리는 스톤헨지가 아서 왕의 마술사 멀린이 만든 것이라고 주장했다. 제프리가 쓴 《브리튼 왕 열전》이라는 책에 따르면, 아서 왕의 숙부인 아우렐리아누스 암브로시우스는 앵글로색슨 족과의 전쟁에서 승리한 후 아서 왕에게 기념비를 세워 달라고 부탁했다. 이에 멀린이 마법을 이용해 아일랜드에서 돌을 가져와 스톤헨지를 만들었다는 것이다.

영국의 스톤헨지 유적
거석 문명의 유적은 언덕처럼 생긴 직사각형의 무덤과 종교적인 건축물로 나뉘는데, 종교적인 건축물의 대표가 바로 스톤헨지다.

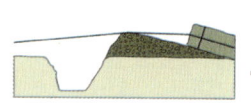 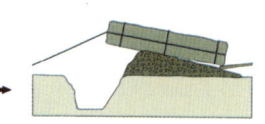 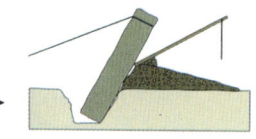 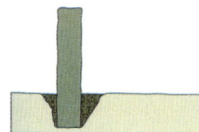

17세기 초 영국 왕 제임스 1세는 이니고 존스라는 궁정건축가를 스톤헨지로 보내 조사하도록 했다. 존스는 오랜 기간 비밀을 풀기 위해 노력했지만 어떤 실마리도 찾을 수 없었다. 그는 이 돌기둥이 석기시대나 청동기시대의 작품은 아니라고 단정했다. 지적인 능력이며 기술이 낮았던 원시인이 이렇게 거대하고 놀라운 작품을 만들었을 리 없다는 것이다. 그는 오직 로마 인만이 이런 정교한 건축물을 세울 수 있다며 스톤헨지는 영국인이 알지 못하는 로마 신의 신전이라고 결론 내렸다.

이후 스톤헨지가 종교적인 건축물이라는 주장이 여러 차례 제기되었다. 1665년 영국의 전기작가 존 오브리는 드루이드 승려들이 스톤헨지를 건설했다고 믿었다. 드루이드 교는 고대 갈리아(현재 프랑스)와 브리튼 섬에 살던 켈트 족의 종교인데, 기독교가 전파되기 이전인 기원전 14세기~기원전 13세기에 등장해 널리 퍼졌다.

그 후 몇몇 사람들이 스톤헨지를 세운 공을 영국 외의 다른 나라 건축가들에게 돌렸지만 그것은 틀린 가설이었다. 1960년대에 방사성탄소 동위원소를 이용한 새로운 연대 측정법이 발명되면서 스톤헨지의 제작 연대가 그때까지 생각했던 것보다 훨씬 더 옛날이라는 사실이 밝혀졌기 때문이다.

새로운 연대 측정법에 따르면, 스톤헨지는 미케네 문명이 생겨나기 훨씬 전에 만들어졌다. 미케네 성곽의 건축 연대는 기원전 1600년~기원전 1500년 사이지만 스톤헨지의 경우 가장 오래된 구조물이 기원전 2300년~기원전 1800년 사이에 세워졌다. 또 다른 입석은 기원전 1700년~기원전 1600년, 중앙의 석조물은 기원전 1500년~기원전 1400년에 건조된 것으로 추정하고 있다.

따라서 스톤헨지는 지중해에서 문명이 일어나기 전에 건축된 것으로, 어떤 문명으로부터도 영향을 받지 않았다고 결론 내릴 수 있다.

이러한 사실이 밝혀지자 기존의 관점을 처음부터 새롭게 검토하는 한편 스톤헨지를 만든 사람들이 외부로부터 아무런 도움도 받지 않았다는 학설을 받아들일 수밖에 없었다. 그런데 그토록 오

솔즈베리 스톤헨지 복원도

영국에서는 스톤헨지가 많이 발견되었다. 이들 중 일부는 태양과 달의 운행주기 가운데 하지나 동지 등 특정한 시기에 태양과 달이 뜨고 지는 방향과 직선으로 연결된다. 이 때문에 스톤헨지가 시간을 기록하고 계절의 변화를 예측하는 수단이었을 것이라는 가설이 나왔다. 또 다른 스톤헨지들은 의식이나 모임을 개최하는 제단, 또는 무덤인 것으로 추측된다.

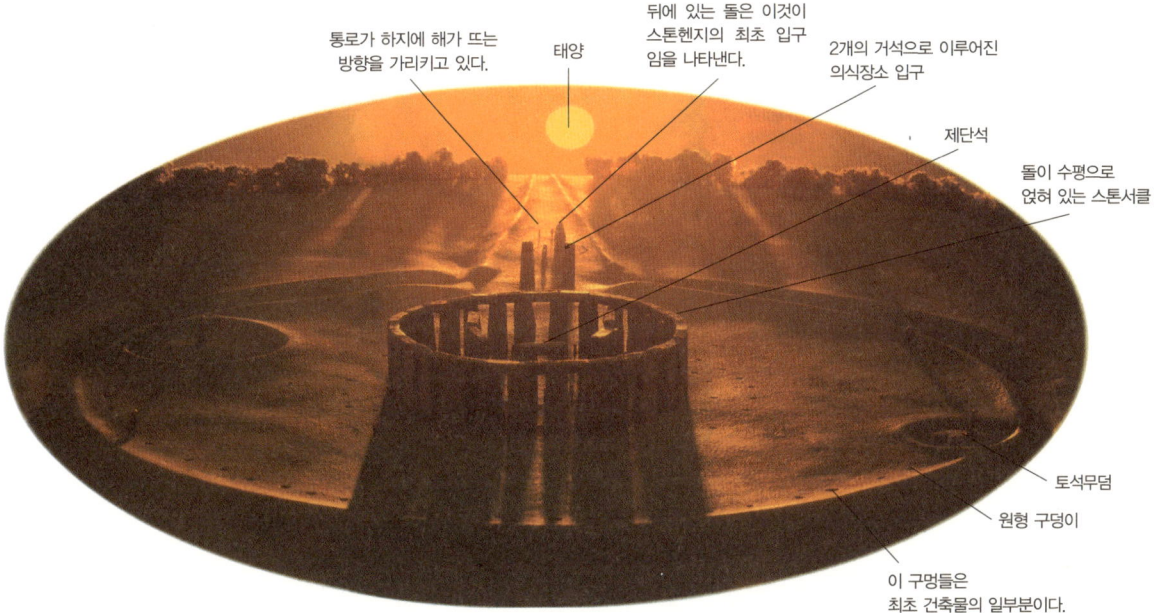

통로가 하지에 해가 뜨는 방향을 가리키고 있다.

태양

뒤에 있는 돌은 이것이 스톤헨지의 최초 입구임을 나타낸다.

2개의 거석으로 이루어진 의식장소 입구

제단석

돌이 수평으로 얹혀 있는 스톤서클

토석무덤

원형 구덩이

이 구멍들은 최초 건축물의 일부분이다.

인위적으로 만든 돌출부와 구멍은 끼워 맞추는 방식으로 돌기둥을 세웠음을 증명하고 있다.

스톤헨지 앞에는 버려진 돌들이 많이 흩어져 있고, 현재의 스톤헨지 유적은 대부분 파손되었다. 소리 없는 이 거석은 머나먼 옛날을 상징한다. 신전처럼 경건한 분위기를 풍기는 돌기둥이 푸른 초원과 대비되어 신비감을 자아낸다.

래 전에 어떻게 이처럼 거대한 기념비를 세울 수 있었단 말인가?

고고학자들의 오랜 연구 끝에 스톤헨지를 만드는 데 사용한 석재 중 가운데 있는 블루스톤은 동북쪽으로 240km 넘게 떨어져 있는 웨일스의 프레셀리 언덕에서 가져왔다는 사실이 밝혀졌다.

또 말발굽 모양의 구조물에 들어간 2,400t에 이르는 석재는 윌트셔 북부 말버러 언덕에서 가져온 것이었다. 하지만 그토록 먼 곳에서 어떻게 이처럼 거대한 바위를 운반해 왔는지는 아직 수수께끼로 남아 있다.

고고학자 스튜어트 피고트는 지금까지 전해져 내려온 전설에 스톤헨지의 비밀이 숨겨져 있음을 확신하고, 제프리의 기록대로 멀린이 서쪽에서 석재를 가져왔다고 주장했다. 그런데 서쪽에 있는 석재를 현재 스톤헨지가 있는 곳으로 옮기기 위해서는 아일랜드 해를 통과해야 한다. 사실 제프리 역시 아일랜드 해 너머 웨일스에서 석재를 가져왔다고 기록해 놓았다. 만일 그렇다면 그 커다란 바위를 어떻게 바다 건너에서 운반해 온 것일까?

더욱이 솔즈베리 평원 근처에도 암석이 많은데 왜 굳이 그 먼 곳에서 석재를 가져왔는지도 미스터리이다. 웨일스에서 가져온 블루스톤만 해도 최소한 85개에 달한다. 일부 학자들은 스톤헨지를 만든 사람들이 블루스톤에 어떤 마력이 숨어 있다고 믿었기 때문에 수고를 감수하면서 석재를 옮긴 것으로 추측했다.

석재를 운반한 방법에 대해서도 다양한 추론이 제기되었다. G. A. 켈라웨이를 주축으로 한 지리학자들은 얼어붙은 바다를 이용했을 거라고 주장했지만 이 관점은 대부분의 전문가들로부터 인정받지 못했다. 최근 바다의 모습으로 미루어 그 당시 프레슬리 언덕이나 솔즈베리 평원까지 뻗어 나가지 못했을 것이라는 이유

우드헨지와 시헨지

고대 영국인들은 스톤헨지 외에 이를 모방한 목조 건축물도 만들었는데, 이를 '우드헨지Woodhenge'라고 부른다. 1967년 스톤헨지에서 불과 2.4km 떨어진 곳에서 우드헨지가 발견되었다. 우드헨지는 스톤헨지에 대칭되는 의미의 살아 있는 사람들의 공간으로 알려졌다.

한편 1998년 영국 동부 노퍽 해안에서 멀지 않은 곳에서 완벽한 형태의 목조 기념비가 발견되었다. 이 기념비의 제작연대를 측정해 보니 무려 기원전 2050년이었다. 이것을 시헨지Seahenge라고 이름 붙였는데 나무 말뚝을 꽂아 만든 둥근 원의 중심에 거대한 상수리나무가 서 있다. 윗부분의 넓게 펼쳐진 나뭇가지 같은 것은 나무뿌리이다. 나무를 거꾸로 심어놓은 것이다.

였다.

또 한편에서는 솔즈베리 평원에서 온 사람들이 뗏목에 이 석재들을 싣고 아일랜드 해를 건너왔다고 추측했지만 이 해석에도 문제가 있다. 당시 사람들이 과연 이처럼 무거운 석재를 실을 뗏목을 만들 수 있었을까?

스톤헨지가 무엇을 위한 것인가에 대해서도 역시 의문에 싸여 있다. 이것이 거주나 방어를 위한 구조물이 아니라는 점은 반론의 여지가 없다. 이곳에서 사람들이 생활한 흔적이나 유물이 발견되지 않았기 때문이다.

윌리엄 스티클리라는 천문학자는 스톤헨지와 태양의 연관성에 주목했다. 힐 스톤이 낮이 가장 긴 날인 하지 때 태양이 떠오르는 곳에 위치한다는 사실이었다. 이후 많은 천문학자들이 기념비가 태양과 달, 또는 별을 향하고 있다고 주장했다.

이에 대해 앳킨슨은 《스톤헨지 위의 달》이라는 책에서 스톤헨지가 태양과 일직선을 이루는 것은 단순한 우연일 뿐이며 스톤헨지와 태양 사이에는 아무런 규칙이 없다고 반박했다.

지금은 많은 사람들이 스톤헨지가 선사시대 종교의식을 위한 것이라는 관점에 동의하고 있다. 그리고 비록 정식으로 천문대로 사용되지는 않았지만 스톤헨지를 세운 사람들이 이곳에서 태양을 관측했을 가능성이 크다는 것을 인정하는 분위기다. 나아가 날씨를 관측하는 데 사용되었다고 여기고 있지만 이를 증명할 증거는 아직 찾지 못한 상황이다.

일부 학자들은 스톤헨지에서 발견된 사람들의 뼈에 주목했다.

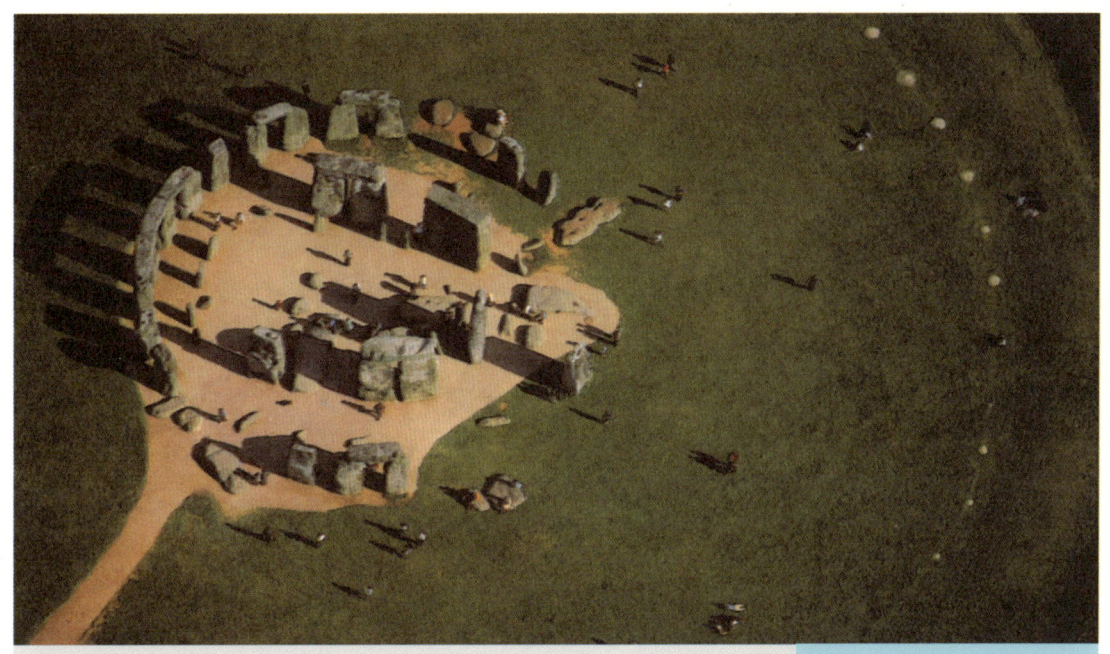

스톤헨지가 장례식을 치르고 뼈를 묻는 납골당이라는 주장이 제기된 것도 바로 이 때문이다. 또 종교 순례지였다는 주장 역시 이에 근거한다. 여기에서 사람을 제물로 바치는 의식을 치렀다는 것이다.

지금까지 가장 설득력 있는 주장은 이곳이 아픈 사람들을 치료하거나 기도하는 장소였다는 것이다. 당시 사람들이 돌의 초자연적 힘을 믿었다면, 또 지금의 일부 종교인들과 마찬가지로 이처럼 신비로운 구조물에서 초자연적 영감을 얻었다면, 아픈 사람들을 위한 장소였다는 설명은 타당성이 있어 보인다. 블루스톤을 가져온 프레셀리 언덕에서 병을 고치는 샘에 대한 전설이 내려오는 것도 이 주장에 힘을 더해 주고 있다.

하지만 누가, 왜 스톤헨지를 만들었는지, 또 거대한 돌을 왜 그렇게 먼 곳에서, 어떻게 운반해 왔는지 등 많은 문제가 해결되지 못한 채 수많은 가설만이 있을 뿐이다. 수천 년 전 고대인이 건설한 스톤헨지가 간직한 비밀은 과연 무엇일까?

• 2장 •

민족과
종 교

CHAPTER 01

예수의 수의는
정말로 존재할까?

예수의 수의에 대해 전하는 이야기는 다음과 같다.

예수는 '로마 제국에 반란을 꾀했다'는 죄로 무고하게 잡혀가 예루살렘에서 극형을 선고받고 십자가에 못 박혀 죽었다. 예수가 희생된 후, 그의 열두 제자 중 하나인 요셉이 예수의 시신을 아마포로 싸서 무덤에 안장했다. 그로부터 3일 후 예수가 기적처럼 되살아났는데 동시에 수의도 자취를 감췄다.

이어지는 전설에 따르면 예수의 수의는 기독교가 박해를 받는 동안 터키의 어느 도시 성벽에 감추어져 있다가 525년에 모습을 드러낸다. 그 후 동로마 제국의 수도 콘스탄티노플에서 다시 발견된 수의는 1204년 십자군이 콘스탄티노플을 점령한 이후 기록에서 사라진다.

예수의 수의에 관한 이야기가 역사 속에 다시 나타난 것은 14세기 중엽. 그 사이 수의는 십자군 시대에 조직되어 십자군 원정에 참가하고 성지를 수호한 신전 기사단에 의해 봉인되었던 것으로 추측된다는 것이다. 이것이 만약 사실이더라도 프랑스

십자가에 매달린 예수

왕의 압력을 못 이긴 교황 클레멘스 5세가 신전 기사단을 해체한 뒤 수의가 과연 어디로 갔을까 하는 의문이 남는다.

오늘날 이탈리아 토리노에 있는 세례 요한 성당에는 기독교의 성유물로 추앙받는 수의가 보관되어 있다. 사람들이 예수의 시신을 감쌌던 천이라고 믿는, 이른바 '토리노의 수의'가 바로 그것이다.

고운 아마포로 만들어진 길이 4.3m, 너비 1.1m의 누르스름한 이 천에는 키가 177cm쯤 되는 남자의 앞뒤 형상이 머리를 맞대고 찍혀 있다. 긴 아마포 위에 시신을 눕힌 뒤 머리 위에서 천을 반으로 접어 몸의 앞쪽을 덮은 경우 나올 수 있는 형상인 셈이다.

하얀 수의에 싸인 예수

이 천에는 시신의 얼굴은 물론 전신과 함께 상처의 흔적으로 보이는 황갈색 반점들이 얼룩져 있다. 자세히 보면 이마와 머리에는 예수의 머리에 씌웠다는 면류관 때문에 생긴 상처와 핏자국이, 얼굴과 몸 전체에는 수많은 채찍 자국이, 옆구리에는 창으로 찌른 흔적이 남아 있다. 여기에 손목과 발에 난 상처와 핏자국까지 더해 보면 예수가 죽기 전 당한 수난을 그대로 보여 주는 형상임이 분명하다.

그렇다면 토리노의 수의는 어떻게 세상에 나온 것일까? 1353년, 프랑스의 귀족 샤르니 가문은 파리 부근 리레의 한 성당에서

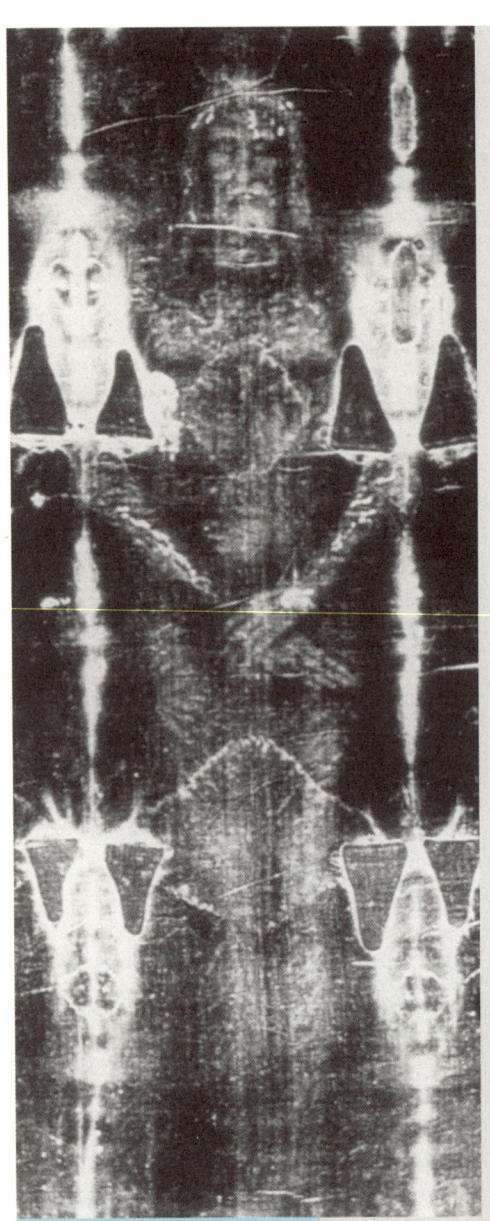

'예수의 수의'를 처음으로 공개한다. 이후 그곳은 기독교인의 순례지가 되었지만 동시에 많은 의혹을 불러일으켰다.

예수의 수의가 콘스탄티노플에서 사라진 후 어떤 경로로 프랑스까지 오게 된 것일까? 수의의 소장자인 조프레 드 샤르니가 대답을 회피하자 의심은 더욱더 커졌다.

당시 프랑스의 앙리 주교는 이 수의가 위조품이라고 단언하며 전시를 즉각 중단하라고 요구한다. 앙리의 뒤를 이은 피에르 주교 역시 교황 클레멘스 7세의 허락 아래 전시된 수의가 예수 그리스도의 것이 아니라 의도적으로 만든 그림이라고 순례자들에게 직접 고지하곤 했다.

그러나 이와 같은 힐난과 나중에 일어난 화재의 위험 속에서도 수의는 프랑스에서 200여 년간 은밀히 전해지다 1578년 드디어 이탈리아의 토리노 성당에 안착해서 '토리노의 수의'라는 이름을 얻게 된 것이다.

토리노의 수의는 과연 진짜일까, 가짜일까? 논쟁은 계속되었지만 종교적인 이유로 연구는커녕 공개 자체가 제한되었기에 과학적인 증명은 번번이 미루어졌다. 하지만 사회적 논란과 여론의 압박이 그치지 않자 토리노 대주교는 마침내 전문가들에게 예수의 수의를 직접 연구하는 것을 허락하기에 이르렀다. 이로써 최첨단 과학과 지식을 동원해 연구했지만 아직까지도 일치된 결론에는 이르지 못한 상황이다.

이 수의를 진품으로 보는 쪽에서 내세우는 근거는 다음과 같다.

첫째, 수의에 나타난 형상과 흔적은 예수가 당한 수난과 해부학적으로 완전히 일치하며, 위조의 흔적을 찾아볼 수 없다. 예를 들어 두 팔에 남아 있는 핏자국의 방향, 엄지손가락의 굽은 정도, 흉부의 확장 등은 실제로 십자가에 못박힌 희생자의 상태와 매우 흡사하다.

가장 사실적인 부분은 손목과 발의 상처다. 특히 우리가 흔히 접하는 예수의 수난상과 달리 손바닥이 아닌 손목에 꿰뚫린 상처가 있다는 점은 주목할 만하다. 사실 손바닥에 못을 박아서는 몸무게를 지탱할 수 없기 때문이다. 한편 이때 나타나는 호흡곤란과 손목 신경이 손상되었을 때 자연스럽게 움츠러드는 엄지손가락의 형태 등도 수의의 형상에 여실히 남아 있다.

둘째, 시신을 감싸는 데 사용된 아마포는 대각선 형태로 직조되어 있는데, 이는 고대 예루살렘 지역의 풍속과 같다.

무엇보다 1999년 미국과 이스라엘의 저명한 식물학자 4명이 수의에서 채취한 꽃가루의 분석 결과를 보면, 토리노의 수의가 서기 6세기 이전 예루살렘 근처에서 만들어졌다는 것이 분명해진다. 그 밖에 수의에 묻은 여러 꽃가루의 출처 또한 팔레스타인, 북유럽, 터키와 시리아 북부 지역으로 밝혀져 수의가 거쳐 갔던 행적과 일치하는 것으로 드러났다.

세 번째 단서는 눈 부위에서 나타난 부자연스러운 흔적에서 발견할 수 있다. 시카고 로욜라 대학에서 두 눈의 형상을 컴퓨터로 확대·분석한 결과, 서기 30년대 로마 제국의 고대 동전에 새겨진 황제의 이름 일부와 도안이 모두 일치했던 것이다. 이를 두고 과학자들은 고인의 눈꺼풀을 감기기 위해 동전을 올려놓아 자국이 남은 것이라고 추측했다.

그러나 토리노의 수의를 가짜라고 보는 사람들의 주장도 만만치 않다. 그들은 다음을 근거로 반론을 제시한다.

첫째, 수의에 남은 인체 형상은 나체인데, 이는 당시의 장례 풍습에 어긋난다. 또한 당시에는 죽은 사람의 눈 위에 동전을 올려놓는 풍습이 없었다.

둘째, 팔레스타인 지역에서는 시신을 깨끗하게 씻긴 뒤 수의로 감싸는데, 어떻게 혈흔이 수의에 남을 수 있는가?

세 번째 근거는 특히 결정적이다. 버클리 대학 등 4개 연구소에 수의의 연대를 측정해 달라고 의뢰한 결과, 수의로 사용된 헝겊이 1260~1390년 사이에 만들어진 것이라는 판정이 났다. 이에 1988년 로마 교황청은 문제의 수의가 14세기 것이라고 공식 발표했다.

토리노의 수의가 예수의 것은 아니더라도 수의에 남은 인체의 형상이 진짜라면 이것이 의미하는 바는 무엇일까? 일부에서는 예수의 수난을 체험 또는 재현하려는 광신도들이 십자가의 형벌을 똑같이 모방함으로써 '예수의 수의'가 만들어졌다고 생각한다. 실제로 이런 일은 역사 속에 부지기수로 시도되곤 했다.

이런 모든 증거에도 토리노의 수의의 가장 큰 수수께끼는 여전히 풀지 못한 숙제로 남아 있다. 그것은 바로 수의에 이 놀라운 형상이 남게 된 원인이다.

수의의 섬유에서 시체를 염하기 위해 사용한 향료도, 시체에서 스며 나온 가스도, 혹은 의도적으로 사용했을지 모르는 그림물감의 흔적조차 찾아볼 수 없는 이상, 이를 설명할 길은 일종의 복사열뿐이다.

하지만 이 대목에서조차 기적이란 개념을 떨쳐 버리기가 어렵다. 이성과 논리를 추구하는 과학도 수의에 형상을 남긴 복사열이 죽은 사람의 낮은 체온이 아니라 부활 과정에서 발산된 에너지라고 지목할 수밖에 없기 때문이다.

　　토리노의 수의에 찍힌 형상은 실제로 너무 희미해서 90cm 이내, 그리고 180cm 이상 떨어져 쳐다보면 사실상 눈으로 확인되지 않는다.

　　흔히 알려진 수의의 영상은 1898년 사진작가 세콘도 피아가 네거티브 필름(밝은 부분은 어둡게, 어두운 부분은 밝게 나타나는 필름)에 담아낸 결과물이다. 여기에는 수의 자체에서 볼 수 없었던 인물의 이목구비와 세부 형태가 뚜렷하게 드러나, 예수의 형상이라는 논란을 더욱 증폭시켰다.

　　토리노의 수의는 20세기에 세 번밖에 전시되지 않았다. 현재 토리노 성당의 은제 성유물함에 보관된 수의는 예수 탄생 2천 주년이었던 지난 2000년에 이어 2010년 다시 한 번 대중에게 공개될 예정이다.

노아의 방주는
어디에 있을까?

CHAPTER 02

1916년 러시아 조종사 로스코
비키가 터키 동부 아르메니아 고원에 위치한 아라라트 산
상공을 지나고 있을 때 산 정상에 놓인, 집채만한 크기의
배 형체가 눈에 들어왔다. 한쪽에 있는 문 가운데 한 짝은
이미 망가져 있었다. 조종사는 즉시 이 사실을 러시아 황
제 니콜라이 2세에게 보고했다.

황제는 전문가로 조직된 연구팀을 급파했는데 그 결과
놀라운 사실을 알게 됐다. 집처럼 생긴 그 배는 어쩌면 노
아의 방주일지도 몰랐다!(하지만 연구팀이 황제에게 보낸 사
진과 보고서는 그해 일어난 10월 혁명 와중 사라졌다고 한다.)

성경에는 노아의 방주에 대해 다음과 같이 전한다.

'아담과 하와는 금지된 선악과를 따먹고 에덴동산에서 쫓겨나
지상으로 내려왔다. 그 후 세상을 가득 채운 인간들은 지나친 탐
욕에 빠져 가는 곳마다 죄악을 저질렀다. 이런 인간의 모습에 분
노한 하느님은 결국 자신이 창조한 피조물을 모조리 멸망시키기
로 결심했다. 이때 노아라는 선량한 신도만은 차마 해칠 수 없어

보석으로 상감된 성경
성경에는 노아의 방주에 관한 이야
기가 실려 있다.

그에게 다음과 같은 계시를 내린다.

"내가 홍수로 이 땅을 휩쓸어 버릴 것인즉, 내 아들인 너는 커다란 나무배를 하나 만들어 네 가족과 함께 이 세상 모든 짐승의 암수 한 쌍을 태우거라. 그 후 폭풍우가 40일 밤낮으로 몰아치리라."

노아는 하느님의 분부에 따라 나무로 거대한 배를 만들었다. 길이 135m, 너비 23m, 높이 13.5m에 총 3층으로 된 이 배는 오늘날로 치면 축구장보다 더 길고 1만 5천t이나 되는 거선이었다.

노아가 가족과 동물들을 배에 싣자마자 검은 구름이 밀려와 바람이 세차게 불고 천둥번개가 치며 재앙이 시작되었다. 하늘에 큰 구멍이 뚫린 것처럼 폭우가 40일 밤낮으로 내리니, 온 세상이 망망대해로 변해 그 어떤 추악함도 그 어떤 생명체도 보이지 않았다. 오로지 노아의 방주만이 외롭게 물 위에 떠 있었다.'

노아의 방주 이야기는 《구약성서》에 기록되어 있을 뿐 아니라 세계에서 가장 오래된 도서관이라 불리는 고대 아시리아의 수도 니네베에서 발굴한 점토판에도 그 기록이 남아 있다. 하지만 대부분의 사람들은 노아의 방

노아의 방주
대홍수가 세상을 휩쓸기 전 하느님의 계시를 받은 노아는 세상의 모든 동물을 암수 한 쌍씩 방주에 태웠다.

주를 상징적인 이야기로 받아들일 뿐이고, 실제 일어난 사건으로 믿는 이는 기독교인 중에서도 소수에 불과했다. 그래서 노아의 방주를 발견했다는 소식에 세상은 깜짝 놀랄 수밖에 없었다.

이후 제2차 세계대전에 걸쳐 각국 조종사들의 목격담이 이어지면서 방주의 실체에 대한 논의가 다시 시작되더니 급기야 방주 탐사 열풍으로까지 번졌다.

1955년 프랑스의 탐험가 나바라는 홍수가 끝난 후 노아의 방주가 도착했다는 아라라트 산을 세 차례나 등반한 끝에 해발 4천m 지점의 얼음 속에서 검은 역청이 칠해진 방주 조각을 찾아내 돌아왔다. 이 나무의 샘

하느님이 세상을 창조하는 순간을 그린 벽화

홍수로 세상이 물에 잠기자 사람들이 더 높은 곳으로 피난하고 있다.

플을 유럽과 미국의 연구소로 보내 연대를 측정해 보았다. 그 결
과 탄소동위원소 측정법에 따라서는 7~8세기의 것이라는 판정
이 났는데, 이에 반해 나무의 색깔과 밀도를 조사한 스페인 임업
연구소의 조사에서는 5천 년 전의 나무라는 결론이 났다. 그 후
나바라는 《내가 손으로 만진 노아의 방주》라는 제목으로 자신의
경험담을 책으로 출간하기도 했다.

여기서 또 하나 흥미로운 점은 지구상에는 무려 200개가 넘는
'홍수 설화'가 존재하는데 이들 대부분은 아라라트 산에 근접한
지역에서 전해 내려왔다는 사실이다.

　세계 곳곳에는 대홍수와 관련해 수백 개가 넘는 고대 신화가 남아 있다. 그 내용과 시기가 비슷하다는 점에 주목, 과학자들이 흑해 해저에서 대홍수의 흔적을 찾아 나섰다. 흑해는 홍수 신화가 전해지는 수많은 고대 국가들의 중심지로, 아라라트 산 역시 흑해 연안 국가인 터키에 위치하기 때문이다.

　과학자들이 제시하는 대홍수의 대표적인 증거는 흑해의 90%를 차지하는 독특한 비산소층이다. 홍수가 일어날 당시 강이었던 흑해로 바닷물이 나이아가라 폭포의 200배에 가까운 속도로 유입되면서 밀도가 다른 이전의 민물과 층을 형성했고, 층간 대류작용이 멈추면서 대기와 차단된 아래층에서는 산소가 사라졌다는 설명이다. 흑해 속에 살고 있는 7,500년 이상 된 민물 조개들도 그러한 증거 가운데 하나다.

　대홍수와 비산소층, 이 두 가지 조건 덕분에 흑해에는 수천 년 전 문명의 흔적을 담은 수많은 유물이 매장된 것으로 추정돼 오늘날까지 탐사팀의 행렬이 끊이지 않고 있다.

　그리고 최근 노아의 방주로 추측된 물체(혹은 지형)의 선명한 위성사진이 공개되면서 '노아의 방주' 미스터리는 또 한 번 논란거리가 되었다. 무엇보다 이 물체의 길이와 넓이 비율이 6:1에 가깝다는 점이 긍정론을 뒷받침했다.

　노아의 방주에 대한 증거가 잇따르자 이를 부정하는 반대편의 움직임도 거세졌다. 그들은 다음과 같은 날카로운 의문을 제기했다.

　첫째, 아무리 큰 홍수라 해도 수위가 4천m 이상 올라갈 수는 없다.

　둘째, 성서의 기록대로 대홍수가 일어났다면 어째서 오늘날 지구 표면에 물길이 변한 흔적이 남아 있지 않은 것일까?

　셋째, 배의 형체란 상당히 단순해서 사진에 비친 형상이나 지형을 방주로 오해할 수 있다.

넷째, 만약 방주가 아라라트 산 부근에서 좌초되었다면 빙하의 운동과 함께 더 낮은 곳으로 밀려 내려가야 하는데 어째서 산 정상에 그대로 남아 있는 것일까?

다섯째, 수백만 종에 가까운 동물을 둘씩 짝지어 배 한 척에 몰아넣는 것이 과연 가능할까?

이처럼 노아의 방주에 대한 믿음과 부정이 교차하는 가운데 2006년에는 미국의 성서 연구단체가 이란 서북쪽 엘부르즈 산 정상에서 또 다른 '노아의 방주'를 발견했다고 발표했다. 이곳에서 발견된 선박의 잔해 역시 노아의 방주와 크기가 일치할 뿐 아니라 성서의 기록과도 다르지 않다는 주장이다.

노아의 방주를 둘러싼 설왕설래는 언제까지 계속될까? 종교와 과학이 교차하는 이 수수께끼를 두고 고고학자와 성서학자, 지리학자 모두 머리를 맞대고 있지만 그 답을 찾기 위해선 더 오랜 인내심이 필요할 듯하다.

흑해에서 대홍수의 흔적을 찾고 있는 세계 최고의 해양학자 로버트 발라드는 노아의 홍수를 믿느냐는 질문에 이렇게 답한다.

"흑해 탐사를 통해 나는 기원전 7,500년 흑해에서 큰 홍수가 일어났다는 사실을 확신하게 됐다. 물론 그것이 노아의 홍수였는지는 확실하지 않다. 내 생전에 답을 찾을 수 있을지는 모르지만, 그때까지 탐사를 계속할 것이다."

네안데르탈 인은
정말로 멸종했을까?

CHAPTER 03

네안데르탈 인은 35만 년 전 지구상
에 나타났던 인류의 한 종으로, 유럽과 아시아 등지에 살다가 약
2만 8천 년 전에 사라진 것으로 알려져 있다. 20세기 중반 인류
학자들은 네안데르탈 인이 호모 사피엔스와 별개의 종은 아니지
만 다소 차이가 있다고 판단, '호모 사피엔스 네안데르탈렌시스'
라는 학명을 붙였다. '네안데르탈 인' 이라는 말에는 고고학상 중
대한 발견 장소가 들어 있다.

1856년 독일 라인 강 하류의 네안데르 계곡에서 이 화석을 처
음 발굴한 사람은 곰의 뼈라고 생각했다. 이후 1863년 영국의 인
류학자 윌리엄 킹은 이 뼈가 인간의 것임을 알아차리고 이 두개
골의 일부와 함께 발견된 다른 골격을 출토 장소인 네안데르 계
곡의 이름을 따 '네안데르탈' 이라고 불렀다. '탈' 은 독일어로 계
곡을 뜻한다. 이후 유럽과 북아메리카, 중앙아시아의 다른 지역
에서도 네안데르탈 인의 유골이 계속해서 출토됐다.

다른 원시인들과 마찬가지로 네안데르탈 인의 가장 중요한 특
징은 두개골에서 찾을 수 있다. 네안데르탈 인의 두개골은 아치

형에 윗부분이 넓고 크며 눈 위에 각진 이마 뼈가 불쑥 튀어나와 있다는 공통점이 있다. 또한 아래턱이 넓고 치아도 아주 크다.

네안데르탈 인의 모습은 여전히 원숭이를 닮았지만 두뇌의 용량만큼은 현대인과 비슷하다. 현존하는 골격으로 보건대 네안데르탈 인은 몸집이 실하고 튼튼하며 체격과 키는 현대의 에스키모 인과 비슷했을 것이다.

그러나 20만 년 가까이 유럽과 중앙아시아 및 중동 지역에 살았던 네안데르탈 인은 스페인 남단 지브롤터에 마지막 주거지 흔적을 남긴 채 약 3만 년 전 지구상에서 자취를 감추고 말았다.

네안데르탈 인이 갑자기 사라진 이유는 무엇일까? 4만 년 전 빙하기의 마지막 단계에 이르러 환경 변화에 적응하지 못한 탓일까? 네안데르탈 인보다 진화된 종족이 그들을 대신하게 된 것일까? 아니면 현생인류의 조상인 호모 사피엔스와 교배해 인류의 유전자에 섞인 것일까? 심지어 네안데르탈 인의 두개골이 점차 커지면서 갓난아기의 출산이 어려워졌기 때문에 결국 멸종에 이르렀다는 가설까지 등장했다.

이 가운데 기후 급

변에 따른 멸종설을 살펴보자. 네안데르탈 인이 제일 마지막에 거주했던 이베리아 반도의 해양을 연구한 결과, 네안데르탈 인이 살던 때 기후가 크게 세 번이나 변했으며 마지막의 기후 변화로 25만 년 전 이래 가장 혹독한 기후를 겪었다는 증거가 발견되었다. 그러나 아직까지 이것을 네안데르탈 인이 사라진 유일한 원인으로 보기는 힘들다.

사실 학계에서는 호모 사피엔스와의 경쟁 혹은 근친 교배의 가능성을 두고 더 큰 논란을 벌여 왔다. 그런데 최근 독일 진화인류학연구소 등의 연구진들이 네안데르탈 인의 미토콘드리아 게놈(유전자) 지도를 완성하면서 그 수수께끼가 조금씩 풀리고 있다. 요컨대 네안데르탈 인과 현생인류의 미토콘드리아 DNA가 상당히 다른 것으로 드러난 것이다.

그렇다면 두 종의 교배가 이루어졌다기보다는 생존 경쟁에서 네안데르탈 인이 밀린 것으로 보는 편이 좀 더 설득력이 있게 된다. 또한 호모 사피엔스 쪽이 네안데르탈 인보다 더 진화한 것으로 드러났으므로 자연선택(다윈이 도입한 개념으로, 자연계에 적응하는 생물은 살아남고 그렇지 못한 생물은 저절로 사라지는 것)에서도 더 유리했을 것이다.

하지만 이러한 사실이 밝혀진 것은 아주 최근의 일이다 보니, 네안데르탈 인이 정말 지구상에서 멸망했는지 여부를 놓고 이견이 나오기도 했다.

프랑스 피레네 산맥에서 발견된 이 두개골은 직립원인이 네안데르탈 인으로 진화해 가는 중간 단계의 특징을 보여 준다.

일례로 불과 수십 년 전 시베리아나 파미르 산맥 등지에서는 원시인과 흡사한 종족을 목격했다는 진술이 심심찮게 등장했다. 목격자들이 경사진 앞이마와 거칠고 짙은 눈썹, 평평한 코, 크게 돌출된 아래턱, 중간 정도의 키 등을 이 종족의 특징으로 언급하면서 이들이 네안데르탈 인의 후예이거나 최후의 네안데르탈 인이 아닐까 하는 소문이 퍼진 것이다.

　　이처럼 현재 우리가 네안데르탈 인에 대해 알고 있는 지식은 턱없이 부족하다. 그러나 분명한 것은 네안데르탈 인이 인류 역사의 진화 과정 속에서 잃어버린 한 고리를 차지한다는 것, 아울러 오늘날의 과학이 이 중대한 수수께끼를 그냥 내버려 두지 않으리라는 사실이다. 최근에는 네안데르탈 인 가운데 빨강머리가 있었고 보디페인팅까지 즐겼다는 주장이 나왔으니, 앞으로 밝혀질 놀라운 진실 역시 기대해도 좋을 듯하다.

현재와 미래를 넘나드는 현대 과학은 동시에 과거의 비밀을 캐내는 데도 전력질주하고 있다. 다음은 과학자들이 네안데르탈 인에 대해 가장 최근 알아낸 사실 혹은 가설이다.

1. 네안데르탈 인은 호모 사피엔스만큼 똑똑했다. 영국과 미국의 과학자들은 두 집단의 연장을 비교해서 네안데르탈 인이 사용한 도구가 효율성 면에 결코 뒤지지 않는다는 사실을 밝혀냈다. 이는 네안데르탈 인의 멸종 원인을 단지 뒤떨어진 지능 탓으로 돌려서는 안 된다는 것을 의미한다.

2. 네안데르탈 인은 물개와 돌고래까지 먹었다. 네안데르탈 인은 현생인류보다 체력이 강했고 사슴고기 등을 주식으로 삼았으나 매머드와 물개, 돌고래까지 사냥해 식탁에 올렸던 것으로 드러났다.

3. 네안데르탈 인은 노래했다. 《노래하는 네안데르탈 인》의 저자인 고고학자 스티브 미슨은 네안데르탈 인이 짝짓기를 하거나 집단의 결속을 다질 때, 또 절박한 생존 조건에서 감정을 다스리기 위해 몸짓과 단어, 리듬이 어우러진 음악으로 소통했을 것이라고 추론한다.

CHAPTER 04

인류는 어디에서 기원한 것일까?

1871년 찰스 다윈은 《인간의 유래와 성 선택》이라는 책에서 인류가 고대 아프리카에서 유래했을 것이라고 추측했다. 한 대륙에서 현존하는 동물과 멸종한 동물 사이의 기막힌 유사성을 근거로 이미 멸종한 영장류 가운데 인간과 가장 가까운 대형 유인원인 침팬지나 고릴라와 흡사한 생물이 아프리카에서 함께 서식했으리라 본 것이다.

이후 수많은 고생물학자들이 침팬지 조상과 현재의 인류를 잇는 진화의 '잃어버린 고리'(생물이 진화하는 중간에 존재했을 것이라 추정하지만 아직 화석이 발견되지 않은 생물종으로, 잃어버린 고리가 있으면 진화 과정을 완벽하게 증명하기 어렵다)를 찾아 아프리카로 몰려들었다. 최초의 인류 화석을 찾기 위한 치열한 경쟁이 시작된 것이다. 그렇다면 다윈의 이런 견해는 과연 정확한 것일까?

1974년 미국의 고인류학자 도널드 조핸슨은 에티오피아에서 310만 년 된 오스트랄로피

동부 아프리카 올두바이 협곡에서 발견된 '보이세이'의 두개골로 오스트랄로피테쿠스 중 가장 후대에 속한다.

테쿠스의 화석을 발견한 바 있다. 그러나 '루시'라는 이름의 이 '최초의 인류'는 그보다 수백만 년 앞선 인류, 혹은 그 밖에도 다른 종이 존재했다는 주장이 제기되면서 얼마 후 명성을 잃어버리고 만다.

그 후 미국의 고인류학자 팀 화이트가 에티오피아에서 440만 년 전 살았던 영장류의 뼈대 일부를, 프랑스의 고생물학자 미셸 브뤼네는 중앙아프리카 차드에서 인류의 탄생시기를 700만 년 전까지 끌어올리는 '투마이'라

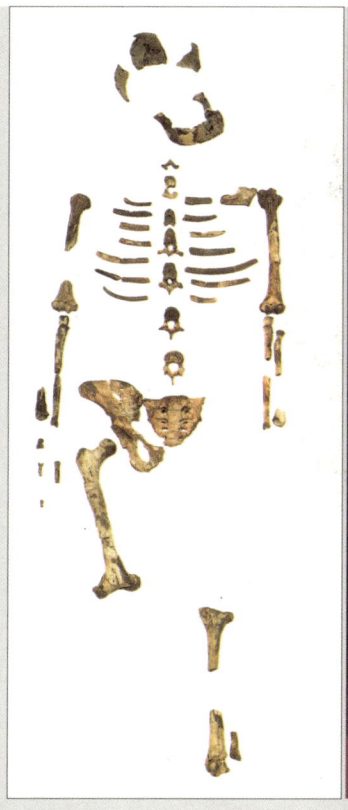

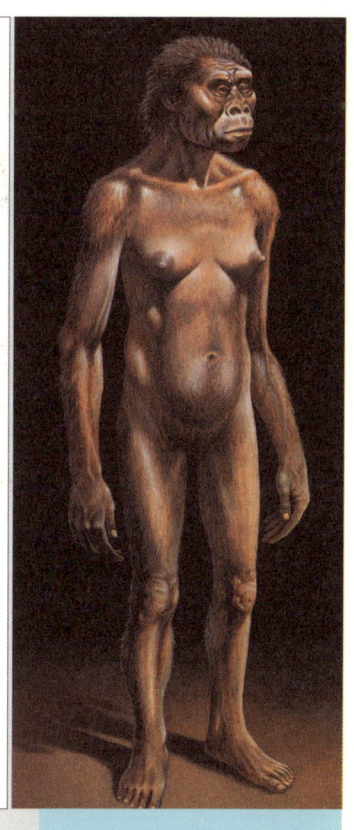

에티오피아에서 발견된 여성 골격
320만 년 전에 살았던 것으로 추정되는 신장 1.2m의 이 여성은 골반 구조로 미루어 이미 직립보행을 했음을 알 수 있다. 오른쪽 그림은 복원도다.

는 이름의 머리뼈 화석을 발견했다. 하지만 이들 고인류와 호모 사피엔스라 불리는 현생인류와의 연관성은 여전히 논쟁 중이다.

인류의 아프리카 기원설은 약 16만 년 전 현생인류의 직계 조상인 호모 사피엔스가 아프리카에 처음 출현하여 다른 대륙으로 이동, 네안데르탈 인 등의 기존 인종을 대체했다는 주장이다. 이 전까지는 약 200만 년 전 호모 에렉투스가 아프리카를 떠나 각 지역에서 현생인류로 진화해 왔다는 '다지역 기원설'이 단일 지역 기원설을 앞섰다. 이 두 가지 가설 가운데 아프리카 기원설이 최근 주도권을 잡게 된 것은 다음 몇 가지 이유 때문이다.

1980년대 미국 캘리포니아 대학의 유전학자들은 미토콘드리아의 DNA가 모계를 통해서만 전해진다는 사실에 근거해 연구한 결과 세계 모든 여성의 DNA가 약 20만 년 전 아프리카에 살았던 한 여성으로부터 나왔다는 결론에 도달했다. 그녀가 바로 호모 사피엔스의 창시자란 이야기이다.

그뿐 아니라, 전 세계 인류 집단의 두개골과 DNA를 분석한 결과 역시 아프리카가 다양성에 있어서 가장 앞선 반면 아프리카로부터 멀어질수록 DNA는 물론 두개골의 크기와 모양의 다양성이 줄어드는 것으로 나타났다. 과학자들은 이처럼 유전적 다양성이 줄어든 원인을 아프리카를 떠나 이주하는 과정에서 고립되거나 어려움에 처해 개체 수가 감소한 탓으로 보고 있다.

또 하나의 강력한 증거는 인류의 오랜 화석이 아프리카에서 집중적으로 출토되고 있다는 점이다. '루시' 이후에도 탄자니아 등에서 여러 점의 인류 화석이 출토된 것은 물론, 1997년에는 16만 년 전에 살았던 것으로 추정되는 호모 사피엔스의 유골인 '이달투'가 발견됨으로써 아프리카 기원설에 더욱 힘이 실렸다.

하지만 다지역 기원설을 지지하는 학자들은 이달투가 '발견'된 지역이 아프리카라고 해서 전 세계에 또 다른 이달투가 살았을 가능성을 배제할 수 없다며 반박한다.

아프리카 기원설에 대한 반론은 그 밖에도 여러 가지다.

첫째, 다윈은 동물의 이동이라는 문제를 고려하지 않았다. 인류의 기원이 되는 영장류가 아프리카에서 출현했다는 사실만으로 인류의 기원이 반드시 아프리카라고 결론지을 수 있을까? 동물이 이동하는 습성을 고려한다면 그들의 선조는 오히려 현재의 분포지에서 떨어진 지역에서 찾아야 한다.

둘째, 고대 영장류가 인간으로 진화하기 위해서는 바깥세계의 자극, 예를 들면 숲이 초원지대로 바뀌는 등의 환경 변화가 필요하다. 그러나 연구 결과 아프리카 지역은 인류가 출현하기 전인 신생대 제3기 초 이후 그다지 큰 환경 변화가 없었던 것으로 밝혀졌다. 물론 지형은 계속 변했지만 고대 영장류가 인류로 진화하도록 이끌 만큼 강렬한 '외부 자극'은 되지 못했다.

또 하나, 동물의 지리 분포를 보면 아프리카는 아시아 대륙과 동일한 구획에 해당된다. 실제로 아프리카에서 발견된 영장류

올두바이 협곡
아프리카 탄자니아 북부에 위치한 이곳은 세계에서 가장 오래된 구석기 문화 유적지로, 다량의 화석과 유물이 출토되고 있다.

화석과 아시아 대륙에서 발견된 화석은 밀접한 관련이 있다. 그렇다면 아프리카 북부에서 발견된 화석이 아시아에서 기원했을 가능성도 있지 않을까? 다시 말해 고대 영장류가 아시아에서 아프리카로 이동했을 가능성도 있다는 것이다.

인류의 아시아 기원설은 19세기부터 제기되어 1929년, 50만 년 전 인류 화석인 '북경원인'이 발견되면서 힘을 얻기 시작했다. 아프리카에선 찾을 수 없는 외부 자극 요인이 중앙아시아에서는 충분하다는 점도 설득력을 더했다. 인도 대륙판과 유라시아 대륙판이 충돌해 지반이 융기함으로써 히말라야 산맥과 고원 지대가 만들어진 커다란 환경 변화가 결국 인류의 진화를 촉진시켰을 것이라는 설명이다.

타웅 아이의 두개골

1924년 남아프리카 타웅의 채석장에서 발견한 어린아이의 두개골. 다트 교수는 작은 송곳니와 두개골 아래쪽의 중앙에 난 구멍(뇌 밑으로 척수가 지나가는 구멍으로 직립보행을 의미한다)을 근거로 이 두개골이 인간과 유인원의 중간에 해당한다고 보고 '오스트랄로피테쿠스 아프리카누스'라고 이름 붙였다. 이 이름은 '아프리카 남쪽 유인원'이라는 뜻인데, 나중에는 아프리카 남부보다 동부에서 인류의 화석이 더 많이 발견되었고, 수십 년 후 유인원이 아니라 화석 인류로 인정받았다. 하지만 최초의 이름을 존중해 그대로 쓰고 있다.

최근 중국은 20여 년 전 창장 강 유역에서 발견된 고인류 화석이 204만 년 전 인류의 치아로 밝혀졌다고 발표한 바 있다. 이 측정 연대가 세계 학계에서 공인될 경우, 아시아 기원설은 둘째 치고라도 기존의 아프리카 단일 기원설을 반박하는 중요한 증거가 될 수 있다.

물론 이 시간에도 인류 기원을 규명하려는 노력이 계속되는 이상, 아무리 유력한 가설이라 하더라도 또 다른 증거에 의해 언제든 뒤집힐 여지가 있다. 학자들의 이러한 고군분투 덕분에 우리는 인류 기원의 비밀에 한 걸음 더 가까이 다가설 수 있을 것이다.

CHAPTER 05

북경원인의 화석은
어디로 사라졌을까?

1928년에서 1937년 사이, 북경 교외 주구점에서 약 50만 년 전 '북경원인'의 인골 화석과 다량의 석기가 발견되었다. 약 35만 년 전에 나타난 네안데르탈 인이 최초의 인류로 공인받고 있던 당시, 북경원인의 발견은 인류의 진화 과정에서 '잃어버린 고리'를 채우는, 그야말로 세계 고고인류학계의 쾌거였다.

1931년 일본군이 만주사변을 일으킨 데 이어 중일전쟁이 임박하자, 1937년 주구점의 발굴 작업은 전면 중단된다. 1941년, 일본이 북경원인에 눈독 들이는 걸 눈치 챈 중국과 미국 정부는 종전 후 반환한다는 조건으로 이 국보급 유물을 안전한 미국 뉴욕의 자연사 박물관으로 옮기기로 결정했다. 하지만 그해 12월 초, 일본의 진주만 공습으로 시작된 태평양전쟁의 포격 속에 천진의 친황도에서 수송을 기다리던 북경원인은 감쪽같이 사라지고 만다.

바로 여기서부터 증언은 엇갈린다. 북경원인 화석은 마지막으로 미국의 록펠러 재단이 운영하는 북경협화의학원에 보관되어

북경원인의 두상

북경원인의 두상이 자취를 감추기 전, 다행히 진품이나 다름없는 모형을 만들어서 북경원인을 연구하는 결정적인 자료로 활용했다.

삼각형의 뾰족한 석기

있었다. 개전 즉시 이 학교를 접수하고도 두개골을 발견하지 못한 일본군은 천왕의 명에 따라 화석의 행방을 계속해서 수소문하다 항복할 때쯤 수색을 전면 중지하고, 북경원인에 대해서 일체 함구한다.

북경원인을 자신의 선조라 믿었던 일본인으로서는 두개골을 입수하는 데 혈안이 될 수밖에 없었다. 그런데 왜 갑자기 입장을 바꾼 것일까? 혹시 이미 목적을 달성했기 때문은 아닐까?

북경원인이 사실은 미국 손에 들어갔다는 주장도 있다. 미국은 제2차 세계대전 후 북경원인을 찾기 위해 대대적으로 수색을 벌였지만 아무런 소득이 없었다고 보고했다. 1972년에는 미국의 한 거부가 북경원인 화석에 현상금을 걸기도 했다. 하지만 미국이 중국의 국보를 삼켜 버렸다고 주장하는 사람들은 이 모두가 '눈속임'에 불과하다고 말한다.

그런 가운데 최근 일본은 세계대전 당시인 1943년 5월 26일, 북경 헌병대장이 보낸 사건 보고서를 공개했다. 그에 따르면 '1941년 11월, 2개의 상자가 북경의 미군 부대로 운반' 됐으니 북경원인은 분명 미국에 있다는 주장이다.

한편 '잃어버린 조상'을 찾으려는 중국의 노력은 훨씬 치열하다. 중국은 북경원인 추적위원회까지 구성, 북경원인의 행방을

쫓는 가운데 최근 다음 세 장소를 유력한 소재지로 꼽았다. 첫째, 현재 천진에 위치한 당시 미국 주둔기지 내 지하실. 둘째, 당시 세화 의학원 건물. 셋째, 일본 도쿄의 왕궁 지하실이다.

특히 북경 올림픽을 앞둔 2008년에는 중국 당국이 직접 두개골 찾기에 나섰지만 아직도 그 행방은 묘연하기만 하다. 이에 북경원인을 일본으로 수송하다 대만해협에서 침몰한 것으로 알려진 일본 화물선을 인양하는 방안까지 검토하고 있다.

이와 같이 각국의 주장과 입장이 엇갈리고 있지만 분명한 점은 북경원인의 실종은 세계인을 분노케 한 과학사의 비극이었고 이제 모두 그 귀환을 기다린다는 사실이다. 50만 년 동안 잠들어 있던 북경원인을 다시 긴 잠에 빠뜨리지 않으려면 전 세계가 진실을 밝히려고 노력해야 한다.

불에 탄 동물의 뼈
북경원인이 살던 주구점에 있는 '합자당'이라는 동굴에서 발견됐다. 이것은 북경원인이 불을 사용했다는 증거가 된다.

::뉴스 속 고고학::

북경원인은 발견 당시 여러 가지 면에서 고고학적인 가치를 지닌 것으로 평가 받았다.

1. 북경원인의 존재는 중국이 어느 나라보다 역사가 깊음을 말해 주는 증거였다. 당시 가장 오래된 인류의 흔적인 네안데르탈 인보다 수십만 년이나 앞선 유골이었기 때문이다.

2. 북경원인은 자갈돌로 만든 찍개인 뗀석기를 사용한 것으로 드러났다. 이는 한국 구석기 문화와는 일맥상통한 반면, 주먹도끼류(주먹에 쥐고 사용하는 도끼 모양의 뗀석기)를 주로 사용하는 아프리카나 유럽과는 구별되는 점이다.

3. 주구점의 '합자당'이라는 동굴에서는 그 밖에도 불에 탄 뼈와 돌, 목탄 등이 발견됐다. 이는 인류가 불을 사용한 연대를 확인시켜 주는 증거물이다.

4. 북경원인의 유골은 남자 키 156cm, 여자 키 144cm로 현대인보다 다소 작지만, 뇌 용적은 1,250cc로 현대인의 1,450cc에 비해 큰 차이가 없는 것으로 추정됐다.

• 3장 •

풍습과
전 통

CHAPTER 01

인류 역사에 정말로
식인 풍습이 존재했을까?

다원은 《비글호 항해기》에서 남아메리카 마젤란 군도에서 행해지던 잔인한 식인 풍습에 대해 자세히 묘사했다.

'겨울을 맞아 굶주림을 참지 못한 마젤란 군도 사람들은 먼저 자기 집의 늙은 부녀자를 잡아먹고 개는 남겨 두었다가 나중에 죽인다.'

영국의 동물학자 헉슬리도 1863년 출판한 《자연에서의 인간의 위치》라는 책에서 아프리카의 식인 풍습을 상세히 서술했다. 오래 전 아프리카 콩고 북부에 거주하던 종족은 매우 잔인해서 친구와 가족까지 잡아먹었다는 것이다. 이들은 고기가게에 인육을 파는 것은 물론 전쟁 포로들을 죽여 허기를 채웠으며, 좋은 가격으로 팔리지 않는 노예는 돼지처럼 살찌운 다음 잡아먹기도 했다고 한다.

근·현대 이후의 식인 풍습을 다룬 책은 이것뿐만이 아니다. 《로빈슨 크루소》만 보더라도 야만인들이 사람을 잡아먹는 잔인한 장면이 등장한다.

일부에서는 식인 풍습을 원시인 때부터의
습성이라고 본다. 그렇다면 원시시대에는
정말로 사람이 사람을 잡아먹었을까? 이 문
제에 대해서는 정반대의 입장이 첨예하게
대립하고 있다. 하나는 원시시대에 식인 풍
습이 널리 퍼져 있었다는 것, 다른 쪽은 고
대 인류가 평화롭게 공존했으며 식인 풍습
따윈 없었다는 견해다.

1940년, 독일의 해부학자이자 인류학자
인 바이덴라이히는 북경원인의 화석을 연구
한 뒤 집필한 논문에서 '북경원인은 여느 동
물을 사냥하듯 자신의 종족을 사냥해 먹어
치웠다'는 주장을 펼쳤다. 그 근거로는 북경
원인 화석이 발견된 장소에 두개골이 흔한
데 반해 몸이나 팔다리뼈는 거의 없었다는
점, 그리고 두개골 대부분이 깨져 있었다는

고대 인류의 두개골 파편
이것은 스페인 고생물학자가 멕시
코의 아카풀코에서 발견한 것으로,
감정 결과 약 78만 년 전의 것으로
밝혀졌다.

사실을 들었다. 바이덴라이히는 뇌를 꺼내 먹기 위해 두개골을
깨뜨렸을 것이라고 추측했다.

그로부터 20년 뒤, 인도네시아 술라웨시 섬 남쪽 해안의 부기
족을 연구한 한 학자는 18세기 이슬람교로 개종한 부기족에게
일찍이 식인 풍속이 있었다는 사실을 밝혀냈다. 하지만 산 사람
을 잡아먹은 것은 아니다. 그들은 죽은 사람을 멀리 떨어진 공터
로 데려가 시신이 완전히 마르기를 기다렸다가 간단하게 머리를

떼어내고 곤봉으로 두개골을 깬 다음 침골
(머리뼈의 뒤쪽 아랫부분) 사이에 구멍을 뚫어
뇌를 꺼냈다. 뇌를 먹으면 고인의 지혜와
능력을 얻을 수 있다고 믿었기 때문이었다.
뇌를 먹은 다음에는 두개골을 마을로 운반
해서 경건하게 장례식을 치렀다.

이런 주장을 펼친 학자는 북경원인의 동
굴에서 목뼈가 발견되지 않고, 머리 아래쪽 뼈보다 두개골이 많
았던 이유 역시 북경원인이 부기족처럼 '두 단계'에 걸친 장례
의식을 치렀기 때문이라고 밝혔다. 그의 말에 따르면 고대인은
이미 죽은 자의 뇌를 꺼내 먹는 행위를 일종의 의식으로 간주한
것이다. 아울러 그는 고대인이 죽은 자에게 지극한 경의를 표한
점으로 미루어 이를 잔인한 식인 행위로 치부할 수 없다고 강조
했다.

하지만 1979년, 중국의 고인류학자 가란파賈蘭坡는 이에 대한
반론을 제기한다. 북경원인의 두개골을 발굴한 장본인인 그는
오히려 바이덴라이히의 손을 들어, 북경원인에게는 분명 식인
풍습이 있었다고 주장했다. 그는 나아가 북경원인이 '사람을 잡
아먹은 뒤', 그 두개골을 동굴로 가져가 그릇으로 사용했다는 추
측을 내놓았다. 그것이 동굴에서 수많은 두개골이 발견된 이유
라는 것이다.

그는 다음 네 가지 사실을 근거로 제시했다. 첫째, 북경원인의
두개골 아랫부분이 깨진 것은 곤봉으로 때려 뇌를 꺼내 먹은 흔

적이다. 둘째, 북경원인의 동굴에서는 세로로 쪼개진 팔뼈나 다리뼈가 많이 나왔는데, 이 역시 골수를 꺼내 먹은 증거이다. 셋째, 불에 탄 사람의 뼈로 보아 인육을 구운 것으로 추측할 수 있다. 넷째, 동굴의 흙더미에서 무수히 발견된 사람의 뼛조각도 식인의 증거다.

하지만 그와 함께 북경원인 발굴에 참여한 오여강吳汝康 교수의 생각은 달랐다. 같은 해, 오여강 교수는 가란파가 제시한 근거를 하나하나 반박하고 나섰다.

첫째, 두개골은 둥글고 두께가 비교적 균일해서 쉽사리 깨지지 않는다. 그러나 두개골 아래쪽은 신경과 혈관이 지나는 구멍이 있는데다 골밀도가 균일하지 않기 때문에 압력을 받으면 쉽게 깨질 수 있다. 따라서 북경원인의 두개골 아래쪽이 깨져 있는 것은 자연스러운 현상이다.

둘째, 긴뼈는 두들겨 깨지 않아도 얼마든지 세로로 쪼개진다. 예컨대 진흙이 깨진 뼈의 틈새로 들어갔다가 습기를 머금어 팽창하고 외부에서 압력을 받으면 그와 같은 형태로 쪼개질 수 있다.

유럽의 직립원인이 살던 곳에서 옛 코끼리의 흔적을 발견했다. 죽은 동물의 고기를 먹은 것일 수도 있지만, 당시 인류에게 거대한 동물을 사냥하는 능력이 있었던 것으로 보인다.

셋째, 북경원인은 인골을 연료로 썼을 가능성이 높다. 동굴에서 불에 탄 뼈와 뼛조각이 발견되는 것도 그 때문이다. 그 밖에 화재로 뼈가 불탔을 가능성도 있다.

마지막으로 인류와 흡사한 면이 많은 오랑우탄 같은 동물도 서로 잡아먹는 습성이 없다는 점에 비추어 보건대, 원시인에게도 식인 풍습은 없었을 것이라는 주장이다.

옛 신화나 전설에 식인 풍습에 관한 이야기가 전해지는 한편 유럽 사람들이 아메리카로 진출하면서 그곳의 식인종에 관한 이야기가 널리 퍼졌다. 그러나 아직까지 식인 풍습에 관한 직접적인 증거는 없는 상황이다. 사람이 거주하던 곳에 사람 뼈가 나왔다고 해서 식인 풍습으로 연결하기에는 무리가 있기 때문이다. 식인 풍습에 대한 의견이 팽팽하게 맞서는 가운데 원시인의 깨진 뼛조각들은 침묵을 지키고 있다.

CHAPTER 02

로물루스의 약탈혼 전설은 지어낸 것일까?

중국 한자의 매력은 글자마다 재미난 유래가 있다는 것이다. 예컨대 결혼을 뜻하는 '혼婚'은 언어학적으로 고대의 약탈혼 풍속에서 유래된 글자로, '여자'를 뜻하는 '여女'와 '어둡다, 날 저물다'를 의미하는 '혼昏'이 결합해 만들어졌다. 이는 여성이 해가 진 뒤 결혼식을 올렸다는 얘긴데, 어째서 저녁 늦게야 혼인을 한 걸까? 그것은 날이 어두울수록 신부를 약탈하기 유리했기 때문이다.

사실 중국 역사에서는 약탈혼의 증거를 찾아보기 어렵다. 하지만 서양사 가운데서도 특히 고대 로마에서 약탈혼이 유행했던 것으로 전해진다. 그래서 고대 로마에서는 결혼할 때 약혼녀가 친정에서 약혼자가 '납치'하러 오기를 기다리는 풍습이 있었다.

그렇다면 로마에서는 왜 이런 전통이 생겨난 것일까? 그 시작

기원전 5세기에 만든 청동 늑대상
기민하고 경계심 많은 늑대는 로마의 상징이기도 하다. 쌍둥이 소년은 현대에 추가된 것이라고 한다.

은 로마를 세운 로물루스가 사비니 인의 부녀자를 약탈한 사건으로 거슬러 올라간다.

전해지는 이야기에 따르면 트로이 성이 그리스에게 정복당한 후 트로이의 영웅 아이네이아스는 테베레 강 하류로 도망쳐 이탈리아의 라티움에 상륙했다. 그는 그곳의 왕 라티누스의 딸과 결혼해서 라비니움이라는 새 도시를 건설했다.

그곳에서 왕위를 이어가던 아이네이아스의 후손 가운데 하나인 아물리우스는 아버지 프로카 왕이 죽자 왕위를 찬탈하기 위해 형 누미토르를 감금하고 그의 아들을 모두 죽인다. 또한 누미토르의 딸 레아 실비아가 결혼하여 자식을 낳을 것을 두려워한 나머지 그녀마저 여사제로 만들어 버린 다음에야 비로소 아무런 걱정 없이 왕위를 누릴 수 있었다.

그런데 뜻밖에도 전쟁의 신 마르스가 레아 실비아를 몰래 임신시켜 쌍둥이 아들 로물루스와 레무스가 태어난다. 분노한 아물리우스는 레아 실비아를 가두고 막 태어난 아기들을 광주리에 담아 테베레 강에 버리게 한다. 가까스로 목숨을 건진 두 아이는 늑대의 젖을 먹고 자라다가 양치기 파우스툴루스에게 발견되어 건장한 성인으로 성장한다.

신의 핏줄을 타고난 덕분에 용감하기 이를 데 없는 두 형제는 아물리우스를 죽이고 외할아버지 누미토르를 구출하는 데 성공한다. 누미토르는 테베레 강 왼편의 땅을 두 외손자에게 물려주고 그곳에 새로운 도시를 세우게 한다.

그런데 그 과정에서 형제 사이가 나빠지고 말았다. 쌍둥이여

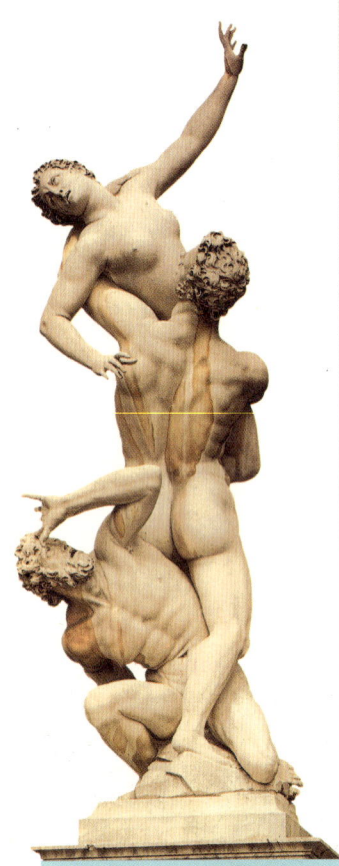

납치당하는 사비니 여인(이탈리아 볼로냐)
로마 건립 초기, 도시는 아내가 없는 떠돌이들로 가득했다. 통치자 로물루스는 군대를 이끌고 사비니 인들을 기습, 젊은 여성을 모조리 약탈했다. 이때부터 '사비니 여인의 약탈'은 예술가들이 즐겨 표현하는 소재가 되었다.

서 왕을 결정하기가 어려웠던 것이다. 어쩔 수 없이 분할 통치하기로 결정했지만, 두 사람 사이는 언제 터질지 모르는 시한폭탄처럼 아슬아슬했다. 그러던 어느 날 레무스가 경계를 침범하자 로물루스가 동생을 죽이고 자신의 이름을 딴 새 도시의 주인이 된다. 이것이 바로 거대한 제국을 이룩한 '로마'의 기원이다.

고대 로마 성

그러나 로물루스가 세운 로마에는 이들 형제를 따라 전쟁에 나선 병사들이 전부일 뿐, 여자는 찾아볼 수 없었다. 게다가 주변 도시 사람들도 이제 막 세워진 로마에 딸을 시집보내기를 꺼리다 보니, 성 안의 불만은 커져만 갔다. 게다가 도시를 키우기 위해서는 무엇보다 인구와 군사를 늘리는 게 급선무였다.

로물루스는 고민 끝에 축제를 벌여 이웃 도시 사람들을 성으로 불러들이고는 축제의 열기가 한껏 고조되었을 무렵 무장한 로마 군인들로 하여금 부녀자들을 약탈하게 했다. 그 대부분이 바로 사비니 여성이었다.

훗날 힘을 키운 사비니 인이 복수를 위해 로마를 공격해 왔지만 무훈으로 이름을 날리던 로물루스와 로마 군은 결코 만만한 상대가 아니었다. 양군이 대치한 가운데 한바탕 피바람이 몰아치려는 찰나, 납치되었던 사비니 여인들이 양 진영 사이로 달려나왔다. 그러고는 한편으로는 아버지와 형제의 이름을 부르고 한편으로는 남편의 이름을 부르며 목 놓아 울기 시작했다.

여인들의 호소에 양쪽의 군대는 하나같이 무기를 내려놓을 수밖에 없었다. 로물루스와 사비니 인의 왕 티투스 타티우스는 협약을 맺고 하나의 공동체를 만들어 함께 통치하기로 결정했다. 로마 인들은 이 사건을 기념하기 위해 약탈혼의 형식으로 결혼식을 올렸다고 한다.

이 흥미진진한 전설은 과연 어디까지가 사실일까? 역사학자들의 논쟁이 계속되는 가운데, 독일의 노벨문학상 수상자이자 유명한 역사가인 몸젠은 로물루스의 약탈혼 전설이 완전히 날조

〈사비니의 여인들〉(자크 루이 다비드, 1799년, 프랑스)
사비니 인과 로마의 군대가 대치한 가운데 사비니 여인들이 아이를 데리고 나와 아버지와 형제, 그리고 남편에게 전쟁을 멈추라고 애원하고 있다.

됐다는 쪽의 손을 들은 바 있다. 자신의 대표작인 《로마사》에서도 이 사건을 한 글자도 언급하지 않은 그는 고증을 통해 사비니 성은 로물루스가 세운 로마와는 멀리 떨어져 있어서 약탈혼의 가능성은 전혀 없다고 주장했다.

이 전설이 어느 정도 당시의 상황을 반영했다고 생각하는 사람들은 사비니 인이 일찍이 로마와 관계를 맺은 후 로마로 이주하다가 기원전 268년에는 로마에 완전히 병합된 사실로 미루어 전설을 완전히 부인하기는 어렵다고 주장한다.

한편 이 전설을 사실 그대로 믿는 사람들도 있다. 이들은 최근 이탈리아 고고학자들이 로마 성 북쪽 인근에서 발견한 고대 성곽을 근거로 내세운다. 학자들은 이곳에서 발굴된 유물들을 토대로 이곳이 전설 속의 사비니 사람들이 거주하던 장소라고 밝혔다. 성곽의 연대는 대략 기원전 8세기 전후로 추정되는데, 전설에서 로물루스가 로마 성을 세운 기원전 753년과 거의 일치한다.

그러나 일부 학자들은 사비니 인의 흔적이 남은 고성은 단지 그들이 로마의 이웃이었다는 점만 보여 줄 뿐 로물루스가 사비니 인의 부녀자를 납치했다거나 두 도시가 공동체를 만들었다는 증거는

될 수 없다고 반박한다.

　어쩌면 논란의 시작은 로물루스 자체가 너무나 전설적인 인물이라는 데 있을지도 모른다. 전쟁의 신 마르스의 아들로 태어나 늑대의 젖을 먹고 자랐다는 로물루스의 이야기부터가 수수께끼인 상황에서는 그가 대규모로 약탈혼을 벌였다는 전설도 믿기 어렵기 때문이다.

CHAPTER 03

누가 스핑크스를
만들었을까?

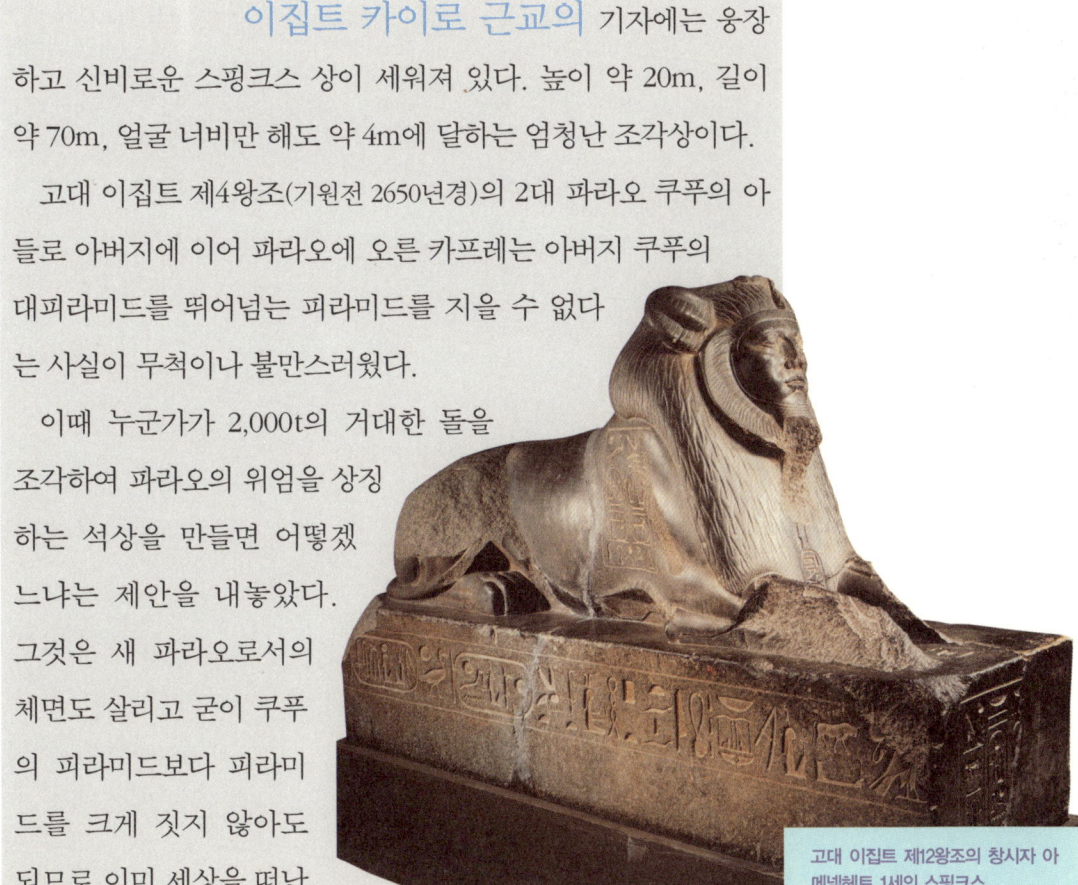

이집트 카이로 근교의 기자에는 웅장하고 신비로운 스핑크스 상이 세워져 있다. 높이 약 20m, 길이 약 70m, 얼굴 너비만 해도 약 4m에 달하는 엄청난 조각상이다.

고대 이집트 제4왕조(기원전 2650년경)의 2대 파라오 쿠푸의 아들로 아버지에 이어 파라오에 오른 카프레는 아버지 쿠푸의 대피라미드를 뛰어넘는 피라미드를 지을 수 없다는 사실이 무척이나 불만스러웠다.

이때 누군가가 2,000t의 거대한 돌을 조각하여 파라오의 위엄을 상징하는 석상을 만들면 어떻겠느냐는 제안을 내놓았다. 그것은 새 파라오로서의 체면도 살리고 굳이 쿠푸의 피라미드보다 피라미드를 크게 짓지 않아도 되므로 이미 세상을 떠난

고대 이집트 제12왕조의 창시자 아메넴헤트 1세의 스핑크스

아버지 쿠푸의 명예를 해치지 않는 방법이기도 했다. 카프레 왕의 얼굴을 한 채 카프레 왕의 피라미드를 지키고 있는 스핑크스는 그렇게 탄생했다.

사자의 몸 위에 사람의 머리를 한 스핑크스는 이집트와 아시리아의 신전과 왕궁 등에서 적잖이 발견된다. 그것은 무엇으로부터 유래한 것이고 과연 누가 완성한 것일까?

가장 널리 알려진 이야기는 그리스 신화에서 찾아볼 수 있다. 오이디푸스가 아버지를 죽이고 어머니와 결혼한 기막힌 사연이 그것이다.

테베의 왕 라이오스에게 아들 오이디푸스가 태어나던 날, 이 아이는 장차 아버지를 죽이고 어머니와 결혼할 것이라는 신탁이 내려졌다. 라이오스의 명령에 따라 산 속에 버려진 아이는 이웃나라 코린트의 양치기에게 발견돼 왕에게 바쳐진다.

코린트 왕은 오이디푸스를 친자식처럼 키운다. 자신을 코린트의 왕자로만 알고 자라난 오이디푸스는 델포이에서 자신이 '아버지를 죽이고 어머니와 결혼할' 운명임을 전해 듣는다.

코린트 왕 부부를 친부모로 믿고 사랑했던 그는 예언이 실현될 것을 두려워한 나머지 코린트를 몰래 떠나 방랑 끝에 테베에 이른다. 테베로 가는 좁은 길에서 낯선 사람들과 시비 끝에 상대방을 때려죽이지만, 자신이 해친 사람이 친아버지 라이오스인 줄은 미처 알지 못한다.

당시 테베에는 사자 몸에 사람 얼굴을 한 괴물이 사람들을 괴롭히고 있었다. 스핑크스라는 이름의 괴물은 행인들에게 수수께

끼를 낸 다음, 답을 맞히지 못하는 자는 누구든 목숨을 앗아갔다. 스핑크스는 오이디푸스의 앞길을 가로막으며 이렇게 물었다.

"내가 낸 수수께끼를 맞히지 못하면 널 죽일 것이다! 아침에는 네 발로 걷고 점심에는 두 발로, 저녁에는 세 발로 걷는 동물은 무엇인가?"

오이디푸스가 이내 대답했다.

"그것은 사람이다(사람은 어렸을 때는 네 다리로 기고, 자라서는 두 발로 걷고, 늙어서는 지팡이를 짚기 때문)."

고대 이집트 파라오들을 보호하는 독수리

그러자 스핑크스는 부끄러움을 이기지 못하고 물 속에 몸을 던져 자살하고 말았다.

스핑크스를 물리친 공을 인정받은 오이디푸스는 라이오스의 죽음으로 공석이 된 테베의 왕위에 오르고, 라이오스의 미망인이자 자신의 친모인 여왕을 아내로 맞는다.

그러나 두 사람 사이에 4명의 자녀가 태어난 이후 테베에는 하늘의

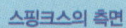

스핑크스의 측면

재앙이 끊이지 않는다. 오이디푸스는 신탁을 통해 자신이 결국 아버지를 죽이고 어머니와 결혼하는 죄악을 저질렀음을 깨닫고는 자신의 두 눈을 뽑고 다시 방랑의 길을 떠난다.

훗날 오이디푸스가 스핑크스를 물리친 공을 기리기 위해 스핑크스가 늘 나타나던 곳, 즉 오늘날의 카프레 왕 피라미드 앞에 이 거대한 조각상을 세웠다는 것이 또 다른 일설이다.

기자의 스핑크스가 사람의 손이 아닌 자연 풍화의 의해 만들어졌다는 주장도 있다. 여기에도 전설이 전해진다.

제18왕조 8대 파라오였던 투트모세 4세가 왕자이던 시절, 사냥을 갔다고 돌아오는 길에 모래에 파묻힌 스핑크스 위에서 잠이 들었다. 그때 꿈속에서 모래에 갇힌 자신을 꺼내 주면 왕으로 만들어 주겠다는 태양신의 목소리를 들었다. 이렇게 해서 스핑크스는 오랜 잠에서 깨어나 빛을 보게 되고, 왕위에 오른 투트모세 4세는 스핑크스의 앞다리 사이에 자신의 석비를 세운다.

그런데 최근 스핑크스의 기원을 두고 전혀 새로운 주장이 등장했다. 존 앤서니 웨스트 등 일부 학자들에 따르면 스핑크스에는 바람과 모래가 아닌 물에 의한 침식 흔적이 남아 있는데, 이는 스핑크스의 제작 연대가 1만 년 전임을 보여 주는 증거라는 것이다. 이집트의 기후상 물에 의한 침식이 일어날 수 있었던 시기는 최소한 1만 년 전이기 때문이다. 그렇다면 기원전 2600년전에 살았던 왕 카프레는 스핑크스를 직접 만든 것이 아니라, 이미 완성된 스핑크스에 자신의 얼굴을 새겼다는 뜻이 된다.

스핑크스의 기원을 똑같이 1만 년 전으로 주장하고 있는 작가 그레이엄 헨콕은 자신의 저서《신의 거울》에서 스핑크스가 실은 빙하기의 도래를 경고하는 고대인들의 메시지라는 주장을 펼치기도 했다.

이집트는 신비로 가득한 땅이다. 피라미드의 비밀조차 다 풀지 못한 인간에게 스핑크스는 그 자체가 아무도 풀지 못한 수수께끼가 되어 오늘날까지 수많은 상상을 불러일으키고 있다.

CHAPTER 04

코코스 섬의 보물은
어디에 묻혀 있을까?

보물을 숨기고 있는 해적들과 해적
선 깃발

중앙아메리카 코스타리카의

태평양 연안 남쪽으로 약 600km 떨어진 해상에 위치한
코코스 섬은 면적은 작지만 뛰어난 경치 덕분에 관광객
이 끊이지 않는 곳이다.

그런데 코코스 섬이 유명해진 데는 경치보다 흥미로운
전설이 더 큰 몫을 했다. 섬의 어딘가에 엄청난 보물이
숨겨져 있다는 것이다. 그 속사정은 과연 무엇일까?

1535년 스페인 식민 통치자 프란시스코 피사로가 페루
를 점령했을 때부터 1821년까지 리마는 남아메리카의 스
페인 식민지 총독의 주둔지였다.

스페인 군대는 남아메리카에서 아무 거리낌 없이 인디
오를 학살하고 금은보화를 약탈한 후 보물을 리마에 모
아 놓았다가 정기적으로 배를 이용해 스페인으로 운반해
갔다. 당시 사람들이 리마는 길바닥도 모두 금과 은으로
덮여 있다고 말할 정도로 남아메리카에서 가장 부유한
곳이었다.

1820년, 영국 해군 제독 던도널드 백작이 해상에서 에스메랄다 호를 비롯한 스페인의 군함을 격파하자 스페인의 산 마르틴 장군도 곧바로 리마 성 아래에 병사들을 주둔시켰다.

그런데 전쟁으로 혼란한 틈을 타 윌리엄 톰슨이 이끄는 영국 해적단이 리마와 가까운 항구도시 카야오를 습격해서 산 마르틴의 군대보다 먼저 카야오의 보물을 약탈해 달아났다.

기록에 따르면 수많은 금화와 황금 잔, 금으로 만든 성모마리아 상 등 헤아릴 수 없이 많은 장신구와 보석이 큰 상자로 24상자나 되었다고 한다.

톰슨은 메리디어 호를 탈취해 승객과 귀중품을 가득 싣고 스페인의 항구도시 카디스를 향해 떠났다가 갑자기 뱃머리를 북쪽으로 돌렸다. 선원들의 협력으로 배에 타고 있던 승객들을 모조리 죽여 바닷속으로 던진 후부터 메리디어 호는 명실상부한 해적선이 되었다.

이제 보물을 어디에 숨길까 한참 고민하던 톰슨은 코코스 섬으로 출발하기로 결정했다. 코코스 섬은 몇 세기 동안이나 세상과 격리될 만큼 지형이 험해서 군대의 감시와 추격을 따돌리기에 제격이었다. 남아메리카 해적들에게 코코스 섬이야말로 천혜의 요새였던 것이다. 톰슨은 보물을 코코스 섬 이곳 저곳에 나누어 묻은 다음 메리디어 호를 부수고는 선원들과 함께 작은 배를 타고 중앙아메리카로 돌아왔다.

보물의 행방에 대해 침묵을 지키던 톰슨은 갑자기 양심의 가책을 느꼈는지 죽기 직전 가장 친한 친구 키팅에게 지도와 보물의 위치에 관한 자료를 건네 주었다. 키팅은 세 차례나 코코스 섬을 찾아가 5억 프랑이나 되는 보물을 가지고 돌아왔지만 정작 가장 귀중한 보물은 찾을 수 없었다.

시간이 흘러 키팅은 친구 니콜라 피츠제럴드 해군 하사관에게 코코스 섬의 비밀을 털어놓았지만 너무 가난한 피츠제럴드는 배조차 장만할 돈이 없어서 코코스 섬에 가보지도 못했다.

피츠제럴드는 임종을 앞두고 예전에 자신의 생명을 구해 주었던 커즌에게 이 이야기를 알려 주었다. 그러나 여러 가지 이유로

커즌 역시 코코스 섬에 가보지 못했다.

코코스 섬의 보물과 관련된 자료는 이렇게 차례차례 퍼져나가다 나중에는 도둑맞거나 팔리기도 했다. 피츠제럴드가 키팅이 알려준 것을 기초로 작성한 자료는 현재 오스트레일리아 시드니의 '항해사와 여행자 클럽'에서 보관 중이다.

프랑스의 토니 망겔 선장은 이 자료를 복제해 1927년부터 1929년 사이 두 차례 코코스 섬을 찾아갔다. 톰슨은 1820년 당시 팔분의(360°를 여덟 등분으로 나눈 것으로 각도나 천체의 고도를 재는 데 사용하는 물건)를 사용해 보물을 숨겼는데 각도가 너무 부정확해서 보물을 숨긴 후에는 더 이상 사용하지 않았다.

토니는 1820~1823년의 항해 자료를 근거로 톰슨이 남긴 자료를 수정하고는 보물이 호프 만 부근의 섬에 묻혀 있다고 확신했다. 뒤이어 그곳에서 썰물 때 약 1시간 동안만 들어갈 수 있는 동굴 하나를 발견했다.

홀로 동굴에 들어가 있는 힘을 다해 물 속의 잡동사니들을 헤쳐 나가며 탐색을 벌이던 토니는 동굴로 갑자기 거센 물살이 밀려와 물에 빠져죽을 뻔했다. 겨우 해안으로 빠져나온 그는 보물을 찾는 자에게 저주가 내

스페인 사람들이 리마에서 가져온 금은보석

No Anno de. 554.

16세기 식민지와 해외시장을 개척
하는 데 처음 사용된 선박

린다고 여기고는 두 번 다시 모험에 나서지 않았다.

시간이 지날수록 보물이 숨겨진 코코스 섬에 대한 자료는 점점 불어 났지만 하나같이 믿을 만한 게 되지 못했다. 수많은 보물 탐험대가 희망을 품고 코코스 섬을 찾았다가 모두 빈손으로 돌아오기 일쑤였다. 그 결과 풍광이 아름다운 작은 섬은 보물을 찾는 사람들의 등쌀에 점점 황폐해졌고 생태환경 역시 심각하게 망가지고 말았다.

최근 코스타리카 정부는 섬의 풍부한 식물자원을 보호하기 위해 코코스 섬의 보물찾기를 금지하고 코코스 섬 관광객에게 높은 세금과 배의 정박비를 물리고 있다. 원래 1.2달러였던 관광 세금은 15달러로, 정박비는 15달러에서 100달러로 올랐다.

이러한 조치로 여행객이 줄어들긴 했지만 코코스 섬의 보물을 향한 사람들의 호기심은 식을 줄 모른 채 궁금증과 함께 커져만 갈 뿐이다.

올림픽은 어떻게
시작된 것일까?

CHAPTER 05

오늘날 올림픽은 단순히
운동선수들의 경기를 뛰어넘어 온갖 형태로 각 나라의
힘을 경쟁하는 '포성 없는' 전쟁이 되었다. 또한 세계의 평화를
기원하고 지구촌을 하나로 만드는 거대한 축제이기도 하다.
그런데 이 성대한 운동대회는 어떻게 시작된 것일까?

　어떤 사람은 올림픽의 기원을 신에게 올리는 제사에
서 찾는다. 올림픽이라는 명칭은 고대 그리스의 올림
피아에서 따온 것이다. 당시 그리스에서 풍경이 가장 아
름다웠던 올림피아는 펠로폰네소스 반도의 평탄하고 고
요한 산골짜기에 자리했다.

　그리스 사람들은 아름다운 올림피아를 신들의 우두
머리인 제우스에게 바치고 그곳에 신전을 지었다.
그 당시 전쟁이 끊이지 않아 말로 다 할 수 없는 고
통에 시달렸던 그리스 사람들은 제우스 신전에서
제사를 올리며 평화를 기원했다.

　이 제사 의식에 운동경기와 비슷한 것이 생겨난

원반을 던지는 사람
원반던지기는 기원전 708년 제18회 고대 그리스 올림픽
때부터 경기 종목으로 채택되었다.

이후 통치자들이 더 많은 종목을 추가했다. 그 목적은 몸과 마음을 단련해 전쟁에 이기기 위함이었지만 보통 사람들은 한마음으로 평화를 기원할 뿐이었다. 여기서 고대 그리스의 운동대회가 시작된 것이다.

정식 올림픽은 기원전 776년에 처음 열린 뒤 393년까지 4년마다 한 번씩 총 293회 개최되었다. 그리스도교를 국교로 정한 로마 황제 테오도시우스의 이교 금지령에 따라 성대한 운동대회는 천 년이 넘도록 중단되었다가 1896년에 아테네에서 다시 열려 지금에 이르렀다.

그런데 몇몇 학자들은 그리스 전설에 나오는, 공주를 차지하

기 위해 벌인 격투대회가 올림픽의 기원이라고 주장한
다. 고대 그리스의 피사 왕국에 오이노마오스 왕이 살
고 있었다. 천사처럼 예쁜 딸을 애지중지 키우던 왕은
특히 아끼던 딸인 히포다메이아의 남편감을 고르기로
결심하고는 딸을 원하는 사람은 자신과 전차 경주를
벌일 것을 제안했다. 구혼자가 이기면 공주를 아
내로 주고 반대로 지면 긴 창으로 찔러 죽이는 방식
이었다.

　사람들은 나이 많은 왕을 얕보았지만 결과는 정반대였
다. 오이노마오스는 단번에 천리를 달리는 말을 이용해 전
차를 자유자재로 몰며 13명의 구혼자를 모두 물리쳤다.

　도전하는 사람마다 목숨을 잃으니 히포다메이아가 아무리
꽃처럼 아름다워도 생명을 걸고 모험하려는 사람이 나타나지 않
았다. 며칠이 지나도 구혼자가 없자 왕은 딸을 이웃나라 왕자에
게 시집보내기로 결심했다.

　그때 공주의 애인 펠롭스가 도전했는데 경기가 시작되고 얼마
되지 않아 갑자기 왕의 전차가 뒤집히더니 왕이 전차에서 떨어
져 죽고 말았다. 펠롭스가 오이노마오스의 마부를 매수해 미리
전차의 나사를 헐겁게 만들어 놓았던 것이다. 이로써 승리를 거
둔 펠롭스는 공주와 결혼해 피사의 왕이 되었다.

　펠롭스는 결혼을 자축하고 제우스의 보살핌에 보답하기 위해
올림피아에서 커다란 제사를 올렸다. 이때 전차 경주와 씨름 등
여러 가지 운동경기를 제사 의식에 넣었기 때문에 펠롭스를 올

고대 올림픽의 상품
고대 올림픽에서 달리기 경주에 이
긴 사람은 성유가 가득 담긴 항아
리를 상품으로 받았다. 항아리에
달리기 장면이 그려져 있다.

림픽의 창시자로 여기는 것이다.

　사실 제사를 드릴 때 경기를 벌이는 것은 그리스의 오랜 풍습
이었다. 호메로스가 지은 《일리아스》에는, '그리스 장수 파트로
클로스가 트로이를 공격하다 전사하자 장례식을 거행하면서 전
차 경주, 권투, 씨름, 달리기, 원반던지기, 표창, 사격 등의 경기
를 벌였다'는 이야기가 등장한다. 그렇다면 올림픽 경기는 훨씬
더 오래 전에 시작되었을 가능성이 있다.

　올림픽 경기가 신의 계시로 시작되었다는 전설도 있다. 펠로
폰네소스 반도의 수많은 국가들이 전쟁을 그치지 않자 평화를
사랑하는 엘리스 국왕 이피토스가 전쟁을 멈추어 달라고 태양신
아폴로에게 기도를 올린 결과 이런 신탁을 받았다.

　"전쟁을 멈추고 싶으면 올림피아의 제전을 다시 회복시키고

제물을 바쳐라. 제례를 올리면서 다양한 경기를 펼치면 신들이 기뻐할 것이다."

이피토스가 여러 나라를 방문해 아폴로의 신탁을 전하자 모든 나라가 전쟁을 멈추고 올림픽 경기를 즐겼다고 한다.

한편에서는 올림픽이 고대 그리스 인이 시작한 것이 아니라 외래민족에게서 전래되었다고 주장하는데, 대다수가 지목하는 것이 바로 크레타 문명이다. 기록에 따르면, 크레타 사람들은 신에게 제례를 올릴 때 높이뛰기, 달리기, 권투, 투우 등 각종 운동 경기를 제사에 포함시켰다. 나중에 크레타 문명이 쇠퇴하자 그리스 인이 이 전통을 계승했다는 것이다.

올림픽의 기원에 관한 설이 분분한 가운데 1981년 아테네 서쪽에서 대형 경기장의 유적이 발견되었다. 약 4만 명의 관중을 수용할 수 있는 경기장에는 한 번에 13명이 함께 달릴 수 있는 길이 170m의 경주용 트랙도 있었다.

더욱 놀라운 것은 기원전 1250년에 이 경기장에서 커다란 운동회가 열렸다는 점이다. 이것은 역사에 기록된 기원전 776년에 있었던 최초의 올림픽보다 약 500년이나 앞선 것이다. 이로써 궁금증은 더욱 커진 셈이다.

포성 없는 전쟁이자 전 세계의 축제인 올림픽 기원에 대해서는 여전히 풀리지 않은 수수께끼로 남아 있다. 그러나 분명한 것은 올림픽으로 인해 전 세계 사람이 하나가 되어 평화를 기도하며 기쁨을 얻는다는 사실이다.

CHAPTER 06

고대 로마 인은 왜 검투사 경기를 좋아했을까?

고대 로마 통치자들이 가장 좋아한 오락은 검투사 경기였다. 경기는 원형경기장(콜로세움)에서 벌어졌는데 노예끼리 격투를 하거나 노예와 맹수가 싸움을 벌이는 방식이었다.

노예끼리의 경기에서는 손에 검과 방패를 들고 나와 둘 중 하나가 바닥에 쓰러질 때까지 싸워야 했다.

노예와 맹수의 격투는 더욱 잔인했다. 노예 주인은 평소 기르던 사자나 호랑이 등 사나운 맹수들을 경기가 벌어지는 날 굶긴 상태로 내보내 검투사의 시체로 배를 채우게 했다.

로마 인은 관람석에 앉아 사람과 짐승이 서로 죽이는 것을 감상하며 노예가 맹수에게 처참히 잡아먹힐 때 큰 소리로 환호했다. 영화 〈글래디에이터〉는 그와 같은 피비린내나는 장면을 생생하게 묘사하고 있다. 텅 빈 콜로세움 안에 서서 그 장면을 상상

사람과 맹수가 싸우는 벽화

고대 로마 경기장에서는 매우 다양한 검투사 경기가 벌어졌는데 그중 하나가 바로 검투사와 표범이나 사자 같은 야생동물이 벌이는 싸움이었다. 검투사는 맹수가 지칠 때까지 격투를 벌이다 죽이지 못하면 반대로 맹수에게 물려 죽는다. 물론 통치자는 누가 죽든 아랑곳하지 않고 경기를 즐길 뿐이다. 대부분의 검투사는 노예였기 때문이다.

하노라면 어떤 전율을 느끼게 된다.

그들의 이런 풍습을 보면 자연스럽게 하나의 의문이 떠오른다. 고도의 문명을 창조했던 고대 로마 인이 어째서 이처럼 잔인한 경기를 즐긴 것일까? 역사학자들은 오랫동안 이 문제에 대해 논쟁을 벌이며 다양한 가설을 제시했다.

어떤 사람은 고대 로마 인이 검투사 경기를 좋아한 것은 당시 정치 상황과 관계가 깊다고 말한다. 로마에서 정치 활동이 벌어지던 장소는 주로 원로원과 목욕탕, 원형경기장이었다. 원로원은 로마의 직접 의정기관이었고 목욕탕은 주로 평민이 모이는 장소였다.

한편 귀족에게 있어 원형경기장에서 개최하는 검투사 경기는 평민을 구슬릴 수 있는 가장 쉬운 방법이었다. 따라서 야심에 찬

귀족들은 너도나도 검투사 경기를 열어 민심을 얻고 정치적 입지를 다지려 했다. 한마디로 검투사 경기는 귀족의 지위를 유지하기 위한 수단이었던 셈이다.

어느 귀족은 강인한 노예 검투사와 맹수들을 애써 구해 와 성대한 검투사 경기를 준비했다. 그런데 경기가 열리기 전날 밤, 그 귀족의 정적이 29명의 노예 검투사를 모두 죽이는 바람에 경기를 열 수 없었다. 경기를 고대했던 평민들은 자연히 강한 불만을 품었고 결국

키마이라 청동상
사자머리에 염소의 몸통, 뱀 꼬리를 한 이 괴물은 동물을 좋아하고 용맹함을 숭상하던 로마 인의 기풍을 보여 준다.

고대 로마의 원형경기장
내부는 약 5만 명을 수용할 수 있는 관람석이 계단식으로 설치되어 있다. 흔히 콜로세움이라고 한다.

그 귀족의 정치적 지위는 더 없이 위태로워졌다.

한편, 고대 로마의 초대 황제 아우구스투스는 귀족이 검투사 경기를 여는 것을 엄격히 제한했다. 귀족이 민심을 구슬러 황제의 통치체제를 위태롭게 할까 봐 걱정했기 때문인데, 그 정도로 검투사 경기는 인기가 높았다.

그러나 이런 이야기만으로는 문제의 핵심이 설명되지 않는다. 고대 로마의 평민은 왜 그토록 검투사 경기에 열광한 것일까?

어떤 사람은 무예를 중요하게 여긴 고대 로마의 전통에서 그 이유를 찾는다. 국토 확장에 열중했던 로마는 가장 번성했을 때는 지중해 전체를 지배했으며, 유럽을 넘어 아시아와 아프리카까지 세력을 미쳤다.

오랫동안 전쟁이 계속되자 통치자들은 사람들이 전투 의식을 계속 유지하게 할 방법을 찾아야 했다. 그때 생각해 낸 것이 바로 검투사 경기였다. 이로써 공공장소에서 죽음을 각오하고 격렬하게 싸우는 경기를 즐기는 분위기가 만들어진 것이다.

폼페이 유적에서 발견된, 검투사의 도안이 그려진 점토 우유병은 당시 검투사가 오늘날의 뛰어난 운동선수처럼 인기가 대단했음을 보여 주는 좋은 증거이다. 나중에 로마는 약 200년 동안 전쟁이 없는 평화로운 시대를 맞이했지만 검투사 경기의 열기는 여전히 식지 않았다.

이런 열기는 325년 콘스탄티누스 대제가 검투사 경기 금지령을 내린 이후에도 식지 않았다. 그러던 것이 이후 관중들의 관심에서 조금씩 멀어지다가 440년 마침내 검투사 경기는 로마에서 완전히 자취를 감춘다.

　로마 인들이 왜 그토록 검투사 경기에 열광했는지와 관련해 제시된 설들이 나름대로 설득력을 얻고는 있지만 진정한 이유는 시간 저쪽에 묻혀 있는 로마 인들만이 알 수 있을 것이다.